KB018712

글똥누기

일러두기

- 이 책에 나오는 '글똥누기'는 이영근 선생님이 실천하고 있는 초등 학급 활동입니다. 그 밖에도 '밥친구', '배움짝', '아침햇살', '아띠'처럼 이영근 선생님 반 색깔이 담긴 여러 학급 활동을 담았습니다. 자세한 내용은 《초등 학급운영 어떻게 할까?》에서 살펴볼 수 있습니다.
- 이 책에 실은 아이들 글은 이영근 선생님이 가르친 초등학교 학생들이 쓴 글똥누기입니다. 아이들 이름은 인격을 보호하기 위해 최소한으로 담았습니다.
- 아이들 글똥누기는 이영근 선생님의 글똥누기 쓰는 방법에 따라, (월/일) 글 형태로 담았습니다. 날짜를 기록하지 않은 경우에는 글똥누기 내용만 실었습니다. 아이들 글은 띄어쓰기와 맞춤법만 고치고, 입말이나 표현을 그대로 살렸습니다.

글똥누기

마음을 와락 쏟아 내는
아이들 글쓰기

이영근 글

보리

우리 학교 2학년 아이들은 매일 '글똥'을 눈다. 글똥누기를 통해 매일 '해우'가 이루어진다. 장의 해우와 더불어 마음의 해우를 느낀다. 아이들이 보고, 듣고, 느끼고, 생각하는 것을 글똥으로 누면 그 글똥을 담임교사가 맛본다. 어제저녁에는 무엇을 먹었는지, 오늘 아침에는 어떤 것을 마셨는지 헤아리며 아이들과 자연스럽게 이야기를 나눈다. 말할 때 부끄러움이 많은 아이도 글똥누기에서는 거침없다. 그렇게 아이들의 감정과 이어지는 대화를 나누다 보면 다음 날은 더 신이 나서 굵은 글똥을 눈다. 선순환이 눈덩이 구르듯 일어난다.

두 해 가까이 마스크를 쓰며 지내다 보니 아이들의 표정을 읽기가 힘들어졌다. 오늘은 어떤 기분인지, 어디가 불편한지, 무엇에 기쁜지, 아이들의 감정을 들여다보기가 여간 어려운 일이 아니다. 이런 시절 구원처럼 느껴지는 것이 글똥누기다. 글똥누기를 통해 아이들의 삶과 마음에 조금 더 가까워진다.

《글똥누기》는 글똥누기가 무엇인지부터 어떻게 시작하고 지도할지, 어떤 내용을 담고 활용할지까지를 망라하여 다루고 있다. 책을 읽는 내내 '진작이 책이 나왔으면 좋았을 텐데……'라는 생각이 떠나질 않았다. 한편 이제라도 글똥누기를 처음 시작했을 때와 계속하면서 느꼈던 고민과 어려움, 시행착오에 대한 답을 쉽게 찾을 수 있다는 것에 감사한다.

이 책을 통해 더 많은 아이들이 글쓰기의 즐거움과 글똥누기를 통한 해우를 느꼈으면 좋겠다. 또한 더 많은 교사들이 글똥누기를 통해 아이들과 공감하며 따뜻한 소통을 나누기를 기대한다.

김병준(부산 남성초등학교 교사)

저희 반 학생들이 매일 아침 학교에 오자마자 하는 일이 있습니다. 자기 자리에 앉아 글똥누기 수첩을 펴고 글똥누기를 쓰는 일입니다. 다 쓰고 나면 저에게 보여 주고 쓴 내용에 대한 이야기를 함께 나눕니다. 아침에 먹은 누룽지 이야기, 친구와 걸어오면서 나누었던 무서운 이야기, 둘레에서 보고 들은 것들까지 말이지요. 가끔씩 작은 꽃송이들로 꽃다발을 만들어 글똥누기에 끼운 다음 보여 주기도 합니다.

　두 해 전부터 저도 아이들과 함께 글똥누기를 쓰고 있습니다. 글똥누기를 쓰기 위해 학교 오는 길에 어떤 내용을 쓰면 좋을까 생각하며 쓸 거리를 찾아 둘레를 열심히 살펴보기도 했습니다. 날마다 쓰면서 하루하루 마음과 정성을 다하는 힘들이 쌓여 살아가는 힘이 될 수 있겠다는 생각이 들었지요. 그 힘을 믿고 저도 아이들도 아침에 글똥누기를 열심히 쓰고 있습니다.

　영근 샘과 글쓰기 공부를 함께하다가 시작한 글똥누기는 이제 아이들과 만나는 자리마다 소중한 힘이 되어 줍니다. 이 책을 읽는 여러분도 함께 그 힘을 받아 아이들과 행복하게 만나길 바랍니다.

변채우(경기 둔대초등학교 교사)

저는 삶을 가꾸는 글쓰기를 열두 명의 학생들과 처음 시작했어요. 처음에는 '한 줄 쓰기'를 했지요. 그러던 어느 날 영근 샘 덕분에 알게 된 '글똥누기'가 큰 울림으로 다가왔어요. 그 뒤로 저도 아이들과 글똥누기를 해 왔습니다.

글똥누기는 아이들이 참 좋아합니다. 책에서 '아이들의 글똥누기를 교사가 왜 읽어야 할까?'라는 물음에 영근 샘은 '학생을 알기 위함입니다.'라고 대답합니다. 학생 그대로를 볼 수 있는 것이 글똥누기인 것이죠. 학생들이 쓴 글을 통해서 교사는 학생과 학생의 둘레, 학생의 삶과 연결될 수 있어요.

글똥누기로 인사를 나누고, 글똥누기로 헤어짐을 맞이하는 영근 샘의 교실 모습을 책에서 마주하다 보면, 글똥누기가 누군가에게 기적이 된다는 것을 느낍니다. 기적은 거창한 것이 아니에요. 평상시에 그냥 지나쳤던 등굣길 지렁이가 글똥누기를 하면서 특별하게 다가오는 것도 기적이 될 수 있어요. 글똥누기에다 죽고 싶다고 썼던 학생이 친구와 선생님과의 관계 속에서 행복을 찾아가는 것도 기적이지요. 종이와 맞닿아 멈춰 있던 연필 끝이 움직일 때, 학생은 비로소 자기 마음과 생각을 맘껏 쏟아 냅니다. 그것이 바로 글똥누기의 기적이고, 힘입니다.

영근 샘이 말하는 글똥누기는 단지 글쓰기 방법이나 기술에 대한 것이 아니에요. 교사에게 있어 '글똥누기'는 학생을 바라볼 수 있는 눈입니다. 학생의 시선이 머무는 곳에 글을 읽는 교사의 시선이 함께 머물러야 한다는 것을 알려 줍니다. 학생의 마음이 있는 곳에 글을 읽는 교사의 마음이 닿아야 하는 것을 말이지요.

송민영(전남 곡성중앙초등학교 교사)

저는 영근 샘을 따라 아침마다 교실에서 글똥누기를 하고 있습니다. 처음엔 글똥누기라는 이름이 재밌고 아침 시간에 글을 좀 썼으면 좋겠다는 생각에 무작정 따라 했습니다. 영근 샘은 글똥누기가 글을 잘 쓰게 하기 위한 것이 절대 아니라고 합니다. 영근 샘은 글똥누기를 통해서 아이들의 삶을 어루만집니다. 아침마다 글똥누기 수첩을 보여 주는 아이들 한 명 한 명 눈을 맞추고 이야기를 나눕니다.

우리 반에서도 아이들에게 글똥누기를 하자고 하면 재밌어합니다. 글쓰기를 싫어하는 아이들도 글똥누기는 마다하지 않습니다. 저는 아이들의 글똥누기를 읽으면서 아이들의 삶을 좀 더 가까이 만날 수 있게 되었습니다. 이제는 저뿐만 아니라 교실마다 나름대로 글똥누기를 실천하는 선생님이 많이 있습니다.

이 책은 글똥누기에 대한 친절하고 다정한 안내서이자 영근샘과 아이들이 꾸준하게 삶을 담아 간 기록이기도 합니다. 교실에서 글똥누기를 시작하고자 하는 선생님들뿐만 아니라 지금 각 교실에서 글똥누기를 하고 있는 선생님들도 《글똥누기》를 꼭 읽어 봤으면 좋겠습니다.

최미순(청주 성회초등학교 교사)

차례

첫째 마당 💩
글똥누기는 무엇일까?

넷째 마당

글똥누기에는 어떤 내용을 담는가?

'글똥누기'라는 이름이 가진 힘

1학년 담임을 처음 맡았을 때였다. 우리 반 아이들이 조금 더 친근하고 즐겁게 글을 쓸 수 있도록 아침마다 글쓰기 지도를 하고 싶었다. 이제 학교에 처음 온 1학년 학생들 눈높이로, 조금 더 재미있게 글을 쓸 수 있도록 알려 주고 싶었다. '무엇이 있을까?' 고민하던 즈음 이상석 선생님이 쓴 글을 읽었다.

좋은 글을 쓰려면 어떻게 해야 할까

좋은 똥을 누기 위해서 어떻게 해야 하는지와 연관 지어 생각해 보자. 똥 눌 때 항문으로 기교를 부린다고 설사가 된똥 되나. 가는 똥이 굵은 똥 되나. 어째야 황금색으로 아주 건강한 똥을 눌 수 있나. 그렇지, 음식에 달렸지. 무엇을 먹느냐, 운동을 어떻게 하느냐에 따라 똥이 달라지지. 똥의 바탕은 음식이거든.

글도 꼭 같아. 바탕이 바로 되어야 좋은 글이 나오지. 바탕이 뭐야. 글의 바탕이 되는 것? 생각? 그럼 생각은 어디서 나와? 머리? 그래 그 머리를 생각하게 된 것은 무엇을 두고 그렇게 생각하게 되는 거지? 그렇지. 자기 삶이지. 삶이 글의 바탕이야. 바른 삶을 살아야 바른 글이 나오는 것이야.

― 부산 이상석 선생님

'아, 맞아. 글쓰기와 똥, 이거네.' 하며 '글똥누기'를 떠올렸다. 이상석 선생님이 쓰신 글에서 '똥'을 머릿속에 잡아낸 까닭이 있다. 우리 반 학생들은 똥을 무척 좋아하기 때문이다. '똥'이라는 말만 들어도 웃는 학생들이다. 글똥누기를 하기 전부터 우리 반은 '똥'과 관련한 이야기가 나오면 즐거워할 때가 많았다.

우리 반에서는 3월 첫 만남이면 늘 《강아지똥》(권정생)을 읽어 준다. 사실 첫 만남에 이 책을 읽어 주는 까닭이 '똥' 때문만은 아니다. '세상에 있는 무엇이든 가치가 있다'는 뜻이 담긴 이 책을 읽어 주며, 우리 학생들 한 명 한 명이 소중하다는 말을 하기 위해서이다.

이 책을 읽어 주고서 《강아지똥》(백창우 노랫말·곡) 노래를 부른다. 노래를 부를 때면 학생들은 '똥'이라는 노랫말을 더 큰 소리로 부른다. 누가 시키지 않아도 저절로 크게 부른다. 누군가 '강아지 똥이지만' 하며 똥을 크게 부르면 다른 학생들이 피식 하며 웃다가 그다음 줄부터는 똥을 더 크게 부른다. 특히 '똥둘셋넷' 하고 넣는 박자 말을 참 좋아하며, 이 노래를 다시 부를 때면 '똥둘셋넷'을 교실이 떠나갈 듯 크게 부른다.

강아지똥

나는 조그만 똥이지만 강아지 똥이지만

흰둥이가 누고 간 강아지 똥이지만

소달구지 지나가는 골목길 담 밑 구석 자리에 놓인

못생긴 못생긴 똥이지만 (똥둘셋넷)

내게도 꿈이 있단다 고운 꿈이 있단다

똥, 하면 생각나는 노래 가운데 백창우의 다른 노래인 〈내 똥꼬〉(박진하 노랫말, 백창우 곡)가 있다. 이 노래는 '똥 누러 뒷간에 가면 똥은 뿌지직 잘도 나온다 끙 끙 끄응 조금만 힘줘도 잘도 나온다 자랑스런 내 똥꼬' 하는 노랫말이 담겨 있다. 이 노래를 처음 들으면 몇몇 학생들은 이상해하거나 민망하다는 표정을 짓는다. 금세 그 반응은 열광으로 바뀌어 학생들이 무척 좋아하는 노래가 된다.

영근 샘은 달마다 신화랍시고 영근 샘 어릴 때 시골살이를 들려준다. 여러 이야기 가운데 하나가 '똥 싼 영근 신'이다. 이 이야기를 들려주면 학생들은 나를 놀리기도 하고 애처롭게 여기기도 한다. 겉으로 드러내지는 않았지만 영근 샘처럼 교실에서 똥 쌌던 학생이 있다면, 속으로 흐뭇했을 수도 있다. 영근 샘도 자기랑 비슷하다고 생각하면서 말이다. "이 말은 비밀이에요. 집에 가서 부모님께 말씀드리지 마세요." 하면 어떤 학생은 선생님과 함께 가진 비밀로 담아 두기도 하고, 어떤 학생은 영근 샘을 집에서 자랑(?)하는 도구로 삼기도 한다.

똥 싼 영근 신

초등학교 3학년 때 실제로 있었던 일이다. 수업 시간에 방귀를 뀌었는데 똥이 나온 일이 있었다. 방귀를 뀌었지만 학생들은 모른다. 영근이는 신이라 냄새가 안 났다. 어쨌든 똥을 엉덩이에 깔고서 학생들이 집에 가기만 기다렸다. 학교를 마치고 집으로 가는 길에 개울에서 빤스를 씻었다. 아무도 몰래. 여기까지는 사실이고, 신화이다 보니 하나가 더 붙는다. 그해 가을부터 우리 마을은 해마다 풍년이 든다.

1학년 학생들과 살 때는 아침마다, "오늘 아침이나 어젯밤에 똥을 눈

사람?" 하며 물었다. 똥 누고 왔다고 손을 드는 학생들에게 우리 반 칭찬인 '이티칭찬(칭찬받을 학생과 손가락으로 주고받는 참사랑땀 반 인사법)'을 한다. 하루에 한 번 똥을 누는 것이 좋기도 하거니와 똥이 마려운데 아침에 누고 오지 않으면 큰일(?)이 벌어질 수도 있기 때문이다. 처음에 "똥 누고 온 사람?" 하면 "선생님, 더러워요." 하던 학생들도 시간이 지나면 그냥 씩 웃을 뿐 무난하게 받아들인다.

학생들은 정말 '똥'이라는 말을 좋아한다. 학생들이 이렇게나 좋아하는 '똥'을 글쓰기에 견주어서 설명한 이상석 선생님 글은 내 눈에 띌 수밖에 없었다. 이렇게 '글똥누기'가 생겨났다. "여러분 글 쓸게요."가 아니라 "여러분, 글똥누기 할게요." 하는 말이 생겼다. 처음에 "우리 글 좀 써 봐요." 하면 싫어하던 학생들도 글똥누기로 이름을 바꾼 뒤, "우리 글똥누기 할까요?" 하면 싫어하는 반응이 쏙 기어들어 간다. 특히, 저학년은 더 그렇다. 자기들이 좋아하는 똥이라 먼저 웃는다.

무엇이든 받아들일 때 마음가짐은 중요하다. 낯설지만 웃으면서 받아들인다. 그것으로도 '글똥누기'는 힘이 있다.

2022년 2월

이영근

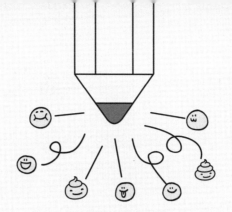

첫째 마당

💩

글똥누기는
무엇일까?

1. 글똥누기

'글똥누기? 글쓰기, 똥 누기는 알겠는데 글똥누기가 대체 뭐지?'

'글똥누기'라는 말이 낯설 수 있다. 글똥누기는 이름 속에 '글'과 '똥'이 들어 있다. 그렇다. 글똥누기는 글(글쓰기)과 똥(똥 누기)을 더한 말이다. 오래전부터 있던 말이 아니고 내가 새롭게 만든 말이다. 흔히 쓰던 말(글쓰기, 한 줄 쓰기, 짧은 글쓰기 따위)을 두고 글똥누기라는 말을 새로 만든 까닭은 무엇일까? 그 까닭부터 살피겠다.

글똥누기는 '글쓰기'와 '똥 누기'를 더한 말이라 했다. 아무 관련이 없어 보이는 두 말은 닮은 구석이 있다. '글쓰기'와 '똥 누기'는 무엇이 닮았을까?

가. 제대로 살아야 좋은 글이 나온다
– 똥 누기 전에 먹는다. 글 쓰기 전에 산다

"여러분, 배 아팠던 적 있나요?"
"네."

"배가 왜 아팠나요?"

"아이스크림을 많이 먹어서 배가 아팠어요."

"그때 똥은 어떻게 나오죠?"

"설사요."

"그래요. 제대로 먹지 않으면 배도 아프고 좋은 똥도 눌 수가 없어요."

부모님들은 어린아이가 눈 똥을 보며 건강을 살핀다. 누런 황금 빛깔 똥을 누면 좋다고 손뼉을 친다. 빛깔이 좋은 똥은 건강하다는 뜻이기 때문이다.

그럼 좋은 똥을 누려면 어떻게 해야 할까? 이 물음에 대한 답은 아주 쉽다. 잘 먹어야 한다. 제대로 된 먹을거리를 꼭꼭 씹어 먹을 때 똥 빛깔이 좋고 냄새도 적다. 하지만 아이스크림이나 불량식품처럼 몸에 좋지 않은 음식을 지나치게 많이 먹거나 급하게 먹으면 탈이 나기 쉽다. 이렇게 탈이 나면, 좋은 똥이 나올 수 없다.

> (11/20) 동네에 재활용품 등을 모아 파시는 할머니가 있는데 내가 학교에 올 때도 일을 하시고 있었다. 추워 보였다. 💩

좋은 글을 쓰려면 잘 살아야 한다. 글은 그 사람의 모습을 그대로 보여 주는 거울과 같다. 자기 사는 모습이 글에 그대로 드러난다. 특히 어린이가 쓴 글은 너 ㅗ넣다. 어린이들은 보고 겪은 이야기를 그대로 담아낸다. 어른들은 제대로 살지 않으면서도 제대로 사는 양 글을 쓸 수 있다. 그렇지만 아이들은 그렇지 않다. 글 속에 자기가 사는 모습을 고스란히 담아낸다.

(11/29) 아침에 엄마가 아파서 혼자 옷 입고 라면 끓여 먹었는데 아빠가 어제 새벽에 엄마가 아프다고 보일러 5시간 틀어서 바닥에 계란프라이를 해 먹어도 될 것 같다. 💩

영근샘 엄마가 아프다. 4학년이지만 엄마가 아프니 혼자서 옷을 챙겨 입는다. 아침으로 제 스스로 할 수 있는 라면을 끓여서 먹었다. 엄마가 아프다고 아빠는 보일러를 틀어 따뜻하게 했다. 얼마나 틀었는지 바닥이 뜨거울 정도였다. 아빠가 엄마를 생각하는 마음이 방만큼 따뜻하다. 엄마를 생각하는 딸 마음도 따뜻하다.

나. 쓰고 싶을 때 써야 한다
- 누고 싶을 때 똥이 잘 나온다. 쓰고 싶을 때 글이 잘 써진다

"여러분, 똥은 언제 누나요?"
"누고 싶을 때요."
"누고 싶지 않은데 누라고 하면 어떨까요?"
"똥이 안 나오죠."
"힘들어요."
"말도 안 돼요."

누구나 똥을 누고 싶을 때 눈다. 누고 싶을 때 눠야 똥이 제대로 나온다. 만일 똥이 누고 싶지도 않은 아이더러 똥을 누라고 화장실에 넣어 둔다면, 그 아이는 화를 내거나 울고 말 것이다. 누고 싶지도 않는 똥을 억지로 눈다는 것이 말이 안 되고, 설령 억지로 누려고 한다 쳐도 그건 정말 힘든 일이다.

"여러분, 이걸 주제로 글 써 보세요."

"몇 장이요?"

"원고지 일곱 장 분량으로 쓰도록 할게요."

영근 샘이 어릴 때 선생님은 학생들에게 글감을 정해 주고서 글을 쓰게 했다. 백일장 대회는 더 그렇고 교실에서도 이렇게 글감만 던져 준 경우가 아주 많았다. 심지어 몇 장 또는 몇 줄 이상 쓰라며 글 쓸 양까지 정해 준다.

글똥누기 수첩

자기가 쓰고 싶은 이야기를 자기가 쓰고 싶은 만큼 쓰는 게 아니다. 주어진 주제로 주어진 양을 채우며 글을 써야 한다. 양을 채우려고 억지로 글을 만들어 낸다. 글쓰기라 했지만 글을 지어내는 글짓기인 셈이다. 그러니 이런 글을 즐겁게 쓰는 학생들이 거의 없었다. 글감만 던져 주고서 글을 쓰라고 하는 것은 참 힘든 일이다. 요즘 우리 학생들이 쓰는 글은 어떤가? 쓰고 싶을 때 쓰고 싶은 만큼 쓰는가?

(4/3) 오는 길에 벚꽃나무를 봤다. 벚꽃은 분홍색으로 예쁨을 뽐내고 있어서 아름다웠다. 💩

억지로 똥을 누는 것이 힘들듯, 학생들에게 억지로 글을 쓰게 한다는 것은 힘든 일이다. 반면 똥이 누고 싶을 때는 쉽게 눌 수 있다. 글쓰기도 그래야 한다. 억지로 쓰게 할 게 아니라 하고 싶은 말이 있을 때 쓸 수 있도록 해야 한다.

(12/21) 오늘은 처음으로 '아침햇살'을 했다. 나뭇잎이 밟히는 소리와 바람 소리가 들려서 정말 좋았다. 💩

영근샘 12월 추운 날 아침 일찍 학교에 왔다. 아침 7시 30분에 나와서 한 시간 남짓 학교 둘레나 학교 뒷산을 걷는 활동인 아침햇살을 하러 나왔다. 2학기부터 시작한 아침햇살은 주마다 하는 참사랑 땀 반 활동이다. 그런데 이 학생은 오늘 처음 아침햇살을 나왔다. 그동안 육상부로 아침 연습을 해서 나올 수 없었던 것이다. 육상부 연습을 쉬는 날 학생은 추운데도 나온 자기가 대견스러웠다. 처음 한 아침햇살은 정말 좋았다.

다. 글을 쓰면 참 좋다
- 똥을 잘 누면 개운하다. 글을 쓰면 기분이 좋다

"선생님, 오늘 똥을 누는데요. 똥이요. 한 번에 이렇게 길쭉하게 나왔어요."

"우와, 좋았겠어요. 여러분도 그렇게 길쭉한 똥 눠 봤나요?"

"네."

"그렇게 똥 누면 기분이 어때요?"

"좋아요."

학생들 모습을 유심히 살펴보면, 유난히 자기 똥 눈 이야기로 자랑을 많이 한다. 어린 학생들일수록 그 모습이 더 잘 보인다. 똥을 누면 얼마나 기분이 좋을까? 이렇게 기분 좋은 이야기를 자랑하지 않을 수는 없다. 그러니 손으로 자기가 눈 똥 크기를 그린다. 똥을 누면 왜 개운할까?

똥을 누면 막힌 게 뻥 뚫리는 기분을 느끼기 때문이다. 시원하게 똥을 누면 몸이 날아갈 듯 가벼워져서 기분이 더 좋다. 잘 먹고 난 뒤 똥을 누고 싶을 때 제대로 누면 쾌감을 느낀다.

이처럼 제대로 살면서 가치 있는 글을 쓰면 좋다. 제대로 만든 똥을 제대로 누는 것이 가장 좋다. 글똥누기도 그렇다. 가치 있게 살고 그 삶을 글로 제대로 써서 가치 있는 글이 되면 가장 좋다. 글쓰기도 그렇다. 하고 싶은 말을 제대로 담아내면 기분이 좋다. 하고 싶은 말을 쏟아 내는 글을 쓰면 보람을 찾을 수 있다.

> (5/8) 엄마 아빠께 효도 책을 드렸더니 굉장히 좋아하셨다. 엄마는 카톡 프로필로 했다. 💩

똥을 누고 싶은데도 누지 못할 때도 있다. 차를 타고 가거나 학교나 집을 오갈 때 똥이 마려우면 앞이 보이지 않는다. 글도 그렇다. 글쓰기가 버릇되면 글을 쓰지 못할 때 답답하다.

영근 샘은 날마다 일기를 쓰는 편이다. 학생들과 지내며 내 눈과 마음이 빼앗기는 순간이 있다. 그 순간을 그대로 일기에 써야지, 하고는 제때 안 쓰고 지나간다. 그렇게 한동안 잊어버리고 있다가 막상 일기를 쓰려고 하면 생각나지 않을 때가 있다. 그럴 때는 정말 답답하고 속상하기까지 하다.

이렇듯 글쓰기는 어렵고 싫은 일이라고 생각하기 쉽지만, 글을 써 버릇하면 똥을 누듯 어렵지 않게 술술 쓸 수 있다. 쓰면서 작은 행복을 계속 담을 수 있다.

(2/6) 오늘 아침에 녹색어머니에게 커피를 선생님과 같이 나눠 주었고. 내가 커피를 들었는데 너무 힘들었다. 그래도 우리를 위해서 열심히 일하시는 녹색어머니 분들에게 커피를 나눠 드려서 보람 있고 의미 있었다. 💩

영근샘 추운 아침에 학교 오는 학생들을 위해 부모님들이 교통안전 봉사활동을 해 주신다. 추운 날 애쓰는 학부모에게 고맙다고 따뜻한 커피를 준비해서 간다.

영근 샘 혼자 가지 않고 함께 가겠다는 학생(자기 부모님이 할 때 가겠다고 하는 학생도 있다)과 함께 가서 드리고 온다. 아이는 날씨가 춥고 몇 군데를 다니다 보니 힘들다. 그런데도 커피를 드리고 돌아오니 행복하고 보람이 가득했나 보다. 이 마음을 글똥누기에 그대로 담았다.

2. 삶을 가꾸어 주는 글똥누기

글똥누기는 글쓰기와 똥 누기가 닮은 데에서 온 말이다. 그렇다면 글똥누기는 다른 글쓰기와 어떻게 다를까?

글똥누기를 쓰는 목적은 다른 글쓰기와 같다. '삶을 가꾸기 위해' 글똥누기를 쓴다. 글똥누기도 다른 글쓰기처럼 제 삶을 고스란히 글로 드러내는 글쓰기이며, 글똥누기를 쓰는 동안 내 삶을 곱씹으며 조금이라도 더 나은 삶을 가꿀 수 있다.

글똥누기는 어떤 글일까? 글똥누기만 가진 좋은 점은 무엇일까?

가. 말이 곧 글이 되는 시작점이다
 – 학생들 말이 살아야 한다. 글똥누기는 학생들 말을 담는 그릇이다

"선생님, 있잖아요."

"어, 뭔데요?"

"오늘 아침에요, 우리 동생이요……."

학생들은 쉴 새 없이 말한다. 어릴수록 더 그렇다. 학생들과 지내며 이

런 모습에 처음에는 깜짝 놀라기도 했다. 아침에 교실에 들어오면서 "선생님, 있잖아요."로 시작해 자기가 본 것, 겪은 것, 들은 것을 쏟아 낸다. 집에서 있었던 일, 부모님이 함께 있었다면 말하지 못하게 막았을 법한 가정사며 온갖 이야기를 다 한다. 그래서 초등학교 1학년을 가르치는 선생님과 1학년을 둔 학부모에게도 '마주이야기 교육'(《마주이야기, 아이는 들어주는 만큼 자란다》, 박문희 글, 보리)은 꼭 필요하다. 마주이야기는 학생들이 하는 말을 소중하게 듣고, 하고 싶은 말을 할 수 있게 해 준다.

> 어제 유치원에 동생을 데리러 갔다. 동생이 춥다고 했다. 그래서 집에 가서 이불을 덮어 줬다. 따뜻하다고 그랬다. 💩

교실에서 많은 학생들이 하는 말을 다 귀담아들을 수 있다면 더 없이 좋겠지만, 모든 학생들 말을 다 들을 수는 없다. 20분 정도 되는 아침 시간은 더욱더 그렇다. 이때 학생들에게 이렇게 말한다. "어, 그래? 그럼 지금 네가 하려던 말을 글똥누기에 써 줄래요?" 그러면 학생은 "네." 하고서 자기 자리로 가 하려던 말을 글로 쓴다. 말이 곧 글이니 입말이 살아 있는 말 그대로 쓴다. 이렇게 쓴 글(말)을 읽으며 "아, 그랬군요." 하고 맞장구를 치곤 한다.

> 선생님, 과꽃 싹이 꽃을 피우면 우리 집으로 오세요. 💩

"선생님, 뭐 써야 해요?"
"조금 전에 했던 말을 그대로 써 보세요."

학생들은 앞서 말했듯 말하는 것을 좋아한다. 그런데도 글똥누기를 써 보자고 하면 무엇을 쓸지 몰라서 어떻게 쓰냐고 묻기도 한다. 조금 전에 제가 한 말을 쓰면 되는데, 그러기 위해서는 말을 잘 들어야 한다. 친구나 선생님이 잘 듣고서 학생이 했던 말을 알려 주며 쓰게 해도 좋지만, 학생 스스로 자기가 하는 말을 잘 듣고서 그 말 그대로 글로 담을 수 있으면 좋다.

(3/19) 제목 : 산수유꼴
오늘 아침에 학교를 오는데 산수유가 많이 폈더라고요. 그래서 한 송이 따고 싶었어요. 💩

> 영근샘 1학년 학생이 쓴 글이다. 학교 오는 길에 노란 산수유꽃을 보았다. 예쁜 꽃이다. 그 꽃을 한 송이 따고 싶다. 글을 읽는 동안 학생이 하는 말이 들린다. 이야기해 주는 듯하다. 글을 쓰기 전날, 학생들을 데리고 밖으로 나가서 산수유꽃을 같이 봤다. 학생들은 그 꽃을 '탕수육'이라 불렀다.

나. 쉽지만 가볍지 않다

"선생님, 얼마만큼 써요?"
"선생님, 몇 줄 써야 해요?"
"선생님, 다 채워야 해요?"
글을 처음 쓸 때 학생들이 꼭 묻는 말이다. 얼마만큼 써야 하는지 늘 묻는다. 이 말 속에는 길이에 대한 부담이 있다. 하고픈 말이 있다고 해도 어느 정도 양을 채워야 한다는 것에 부담을 느끼는 것이다. 글똥누기는 하고 싶은 말을 쓰면 된다. 쓰고 싶은 만큼 쓰면 된다. 글똥누기는 짧은 아침 시간에 후딱 쓰니 보통 글이 짧다. 글 길이가 짧으니 양을 채워야 한다는 부담이 적다.

> (7/16) 빨리 비가 왔으면 좋겠다.
> 나무들이 목말라 할 것 같다. 💩

글똥누기로 쓰는 글은 보통 짧은 글이다. 한두 문장으로 짧게 쓰는 글이다. 그렇다고 글똥누기가 마냥 가볍지는 않다. 글똥누기는 글을 억지로 지어내지 않는다. 지금 꼭 하고픈 말을 글로 담는다. 가장 하고 싶은 말에는 학생들의 몸과 마음의 상태가 많다. 힘들고, 아프고, 속상한 학생들 마음이 짧은 글에 고스란히 담겨 있다. 글똥누기는 비록 짧은 글이지만 일기마냥 자기 삶을 가꾸는 글이다.

> (3/2) 오늘은 괴롭다. 계속 나를 놀리는 OO과 같은 반이라서 첫날부터 괴롭다. 💩
>
> (11/20) 아침햇살 때 선생님 손가락에 도시락을 걸었다.
> 그래서 편했다. 💩

다. 와락 쏟아 내어 쓴다

"선생님, 여기요."

"우와!"

흔히 학생들은 글쓰기를 싫어한다고 말한다. 이 말이 맞는지 틀린지
는 잘 모르겠다. 누구든 글을 쓰는 활동이 쉽지는 않을 것이다. 그럼에
도 학생들이 글 쓰는 모습만 보면 쉽게 쓰는 것처럼 보일 때가 많다. 물
론 글을 쓰기 전에는 온 마음을 모아 유심히 살피고, 겪은 일을 골똘히

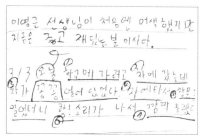

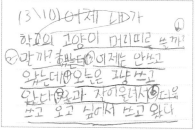

시 꼴로 바꿔 쓴 글똥누기, 김보경

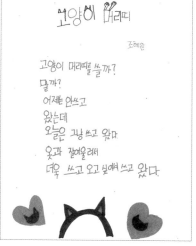

시 꼴로 바꿔 쓴 글똥누기, 조혜원

생각한 다음에 쓸 것이다. 학생들이 글똥누기를 쉽게 쓰는 것처럼 보이는 까닭은 한꺼번에 다 쏟아 내기 때문이다. 와락 쏟아 내기 때문이다. 이렇게 쓴 글을 보면, 정말 깜짝 놀랄 때가 많다. '어린이는 모두 시인'이라는 말이 딱 맞다.

학생들이 글똥누기를 쓰는 모습을 유심히 살피면 크게 두 가지 모습이 보인다. 첫 번째는 학교에 와서 자리에 앉자마자 글똥누기를 바로 쓰는 학생이다. 날마다 쓰는 글똥누기이니 학교 오는 길에 쓸 걸 미리 생각하면서 왔거나, 집에서 학교 갈 준비를 할 때 무엇을 쓸지 생각해 둔 모양이다. 또 다른 모습은 자기 자리에 앉아서 생각하는 모습이다. 아이는 자리에 앉아서 무엇을 쓸지 잠깐 생각한다. 골똘히 생각하다가 '아!' 하는 표정으로 글똥누기를 쓴다.

어떤 모습이든 학생들이 글을 쓸 때는 다 닮았다. 한번 쓰기 시작한 글똥누기는 막힘이 없다. 글을 쓰다가 멈추는 학생은 드물다. 한꺼번에

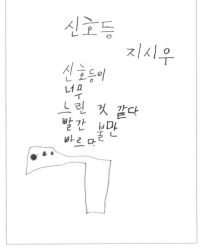

시 꼴로 바꿔 쓴 글똥누기, 지시우

시 꼴로 바꿔 쓴 글똥누기, 박희상

와락 쏟아 낸다. 글똥누기는 길지 않고 여러 생각을 담는 글이 아니기 때문에, 하고 싶은 말을 한꺼번에 다 쏟아 낸다. 직접 본 것, 들은 것, 겪은 것을 그 모습 그대로 담아낸다.

이런 모습은 학생들과 바깥에 나가 겪은 다음 글똥누기를 할 때 더 잘 드러난다. 비를 맞거나, 하늘을 보거나, 놀고 난 뒤에 바로 글똥누기를 쓰면, 망설임 없이 비 맞은 이야기, 하늘 본 이야기, 놀았던 이야기를 글로 담는다. '와락 쏟아 낸다'는 말이 딱 맞다. 마음에 받은 감동을 와락 쏟아 내니 그 글을 보는 사람에게도 감동이 그대로 전해진다.

3. 글똥누기라 좋다

참사랑땀 반은 날마다 글똥누기를 한다.

집이든 학교든 날마다 무언가를 한다는 것은 그 가치가 충분하기 때문이다. 날마다 교과 공부하고 밥을 먹고 친구들과 어울리듯 글똥누기도 날마다 한다. 그만큼 우리 반에 꼭 필요한 활동이다. 글똥누기가 여러 면에서 좋기 때문이다.

글똥누기를 날마다 할 만큼 좋은 까닭은 무엇일까?

가. 짧은 글쓰기라 부담이 적다

영근 샘은 어릴 때 글쓰기를 좋아하지 않았다. 어쩌면 글 쓰는 게 부담이었다고 하는 것이 더 알맞은 표현이겠다. 글쓰기를 부담스러워했던 까닭 가운데 하나가 길이가 정해져 있거나, 할 말을 다 했는데도 더 길게 써야 했기 때문이다. '원고지 몇 장 이상', '몇 줄 이상'이라는 제한을 두니 힘들게 느꼈던 건 당연했다.

글똥누기는 이런 부담에서 자유롭다. 억지로 길게 써야 하는 글이 아니기 때문이다. 글똥누기는 한 줄이어도 좋고, 더 길어도 좋다. 글을 쓰는 양은 글을 쓰는 사람이 정한다. 글똥누기에서만은 누구도 몇 줄을 쓰거나 몇 장을 쓰라고 하지 않는다. 자기가 쓰고 싶은 만큼 쓰면 된다.

　　빗소리가 아름답다. 💩

　　비 오는 날, 1학년 학생들과 밖으로 나갔다. 한 시간 동안 비와 어울려 놀고서 교실에 들어와 글을 썼다.

　　"자, 여러분, 지금까지 우리 한 시간 동안 놀았는데 방금 전 놀았던 이야기를 글똥누기 해 보세요." 하고서 학생들이 쓴 글을 기다렸다. 조금 있으니 다 쓴 학생들이 자기가 쓴 글똥누기를 가지고 나와 나에게 보여 줬다. 남혁이도 글똥누기를 보여 준다. 남혁이가 쓴 '빗소리가 아름답다.'라는 글 한 줄, 여덟 글자에 한 시간 동안 비와 어울려 놀며 든 생각이 고스란히 담겨 있다. 이렇게 감동을 드러내는 데 있어 여덟 글자만으로 충분할 때가 있다.

　　글쓰기에 대한 부담감은 학생들만 가지고 있는 건 아니다. 둘레에서 들어 보면 글 쓰는 부담감을 가진 어른들이 참 많다. 말은 잘하면서도 말과 생각을 글로 담는 것은 부담스러워한다. 이렇게 글 쓰는 부담감을 가진 어른들도 어렵지 않게 자기 생각을 드러내는 글쓰기가 요즘 눈에 띈다. 다름 아닌 소셜 네트워크 서비스(SNS)에 쓰는 글이다.

　　사진이나 영상을 첨부하고 글을 쉽게 써서 온라인 공간에 올린다. 이때 쓴 글을 유심히 보면 긴 글이 아니다. 아주 짧은 글이다. 짧은 글에 자기 경험이나 생각을 담아서 쓴다. 그러니 부담 없이 글을 쓴다. 이런 글쓰기가 글똥누기와 닮았다.

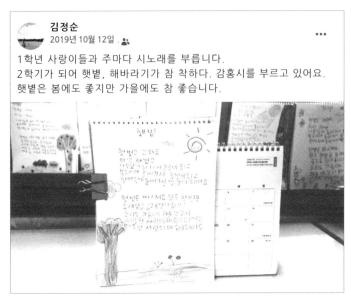

김정순

2019년 10월 12일 ·

1학년 사랑이들과 주마다 시노래를 부릅니다.
2학기가 되어 햇볕, 해바라기가 참 착하다. 감흥시를 부르고 있어요.
햇볕은 봄에도 좋지만 가을에도 참 좋습니다.

김정순 선생님의 에스엔에스에 담긴 짧은 글쓰기

　　짧은 글쓰기로 '한 줄 쓰기'가 있다. 한 줄 쓰기는 글쓰기를 지도하는 많은 선생님들이 실천하는 글쓰기 지도 방법이다. 한 줄 쓰기는 길게 써야 한다는 부담감에서 자유로울 수 있다. 글 쓰는 부담감을 덜어 줄 수 있다. 글을 짧게 쓰니 하고 싶은 말만 마음껏 풀어 낼 수 있을 것이라는 생각에서 시작했다.

　　다만 조금 아쉬운 점이 있다. 무엇이냐면 '한 줄'이라는 제약이다. 한 줄에서 '한'이라는 말은 글 쓰는 양이 정해져 있다는 느낌을 준다. 물론 여기서 '한 줄'은 한 문장으로 생각하는 게 더 나을 듯하다. 그렇다 하더라도 한 줄로만 써야 한다는 것은 하고 싶은 말이 더 있는데도 그만해야 할 것 같다. 그래서 '한 줄'을 쓴다는 제한을 두지 않고 '글똥누기'라 했다.

나. 둘레를 살피는 힘이 생긴다

"우리 개나리꽃 보러 갈게요."

"개나리꽃이요? 어디 있는데요?"

학생들과 함께 교실을 나와 걷는다. 정문을 나서 길 건너 산 아래 길 옆에 핀 개나리꽃을 함께 본다. 한두 송이가 아니라 길옆 가득, 50미터는 훨씬 더 되는 길에 꽃이 활짝 펴 있다. 이 길은 많은 학생들이 학교를 오가는 길이다. 개나리꽃이 우리가 나갈 때 맞춰서 핀 것이 아닐 테니, 미처 보지 못했을 뿐 오늘 아침 학교 올 때도 학생들은 개나리 옆을 걸었을 것이다.

글을 쓰려면 글감이 있어야 한다. 글을 쓰는 사람은 자연스럽게 '뭘 쓰지?' 하는 생각을 할 수밖에 없다. 글똥누기는 짧은 글쓰기지만 글감이 있어야 한다. 일기를 날마다 써 본 사람은 알 것이다. 일기를 쓰는 사람은 길을 가다가, 누구와 이야기를 나누다가, 무엇을 보다가도 '아, 이거 일기로 남겨야지.' 하는 생각이 절로 든다. 그러다 보면 본 것, 들은 것에 더 집중하며 마음속에 소중하게 담아 뒀다가 하루를 마칠 무렵 일기에 쓴다.

글똥누기도 날마다 쓰는 글이니 둘레에 관심을 갖는다. 둘레에 관심을 가지면, 보이지 않던 것이 보인다. 그냥 무심코 지나치던 곤충이며 나무와 꽃이 보인다. 보이기 시작하면 할 게 많아진다. 보이면 만지게 되고 보이면 더 자세하게 보게 된다. 들리지 않던 소리가 들린다. 크게 관심이 없었던 친구들 말도 들린다. 친구 말이 들리면 같이 이야기를 나눈다. 이렇게 이야기 나누면서 친구에게 몰랐던 것을 알게 되며 가깝게 지낸다.

지금 우리 삶은 둘레에 관심을 쏟지 않으니 모두 동떨어져 있는 것처럼 보인다. 그렇지만 하나씩 유심히 살피며 관심을 가지면 모든 게 다 내 삶과 연결되어 있다는 걸 알게 된다. 남남으로 동떨어져 사는 게 아니라 함께 관계를 맺으며 살게 된다. 관계는 관심에서 출발한다.

> 어제 7시쯤에 엄마가, "채원아, 이리 와 봐." "왜?" "노을 떴어." "그래?" 노을 색깔이 빨강색, 주황색, 파랑색, 보라색이 섞여 있고, 세상을 덮었다. 💩

1학년 채원이는 어제 집에서 본 노을을 글감으로 글똥누기를 썼다. 이 글은 몇 가지 놀라움을 준다. 첫 번째로 놀라웠던 건 어제 있었던 일을 다음 날 아침까지 잊지 않고 글로 쓴 사실이다. 어릴수록 학생들이 글을 쓰기 위해 있었던 일을 다시 떠올리는 시간은 현재와 가까운 때가 많은 편이다. 그래서 많은 학생들이 방금 전에 겪은 일을 글똥누기에 쓴다. 채원이가 전날 노을을 본 감동이 얼마나 컸으면 그다음 날 아침 글똥누기에 담았겠는가!

두 번째로 놀라웠던 것은 노을 빛깔을 또렷하게 표현했다는 점이다. 노을 빛깔로 빨강, 주황, 파랑, 보라를 들었다. 이 글을 읽는 여러분은 어떤가? 가끔 노을이 질 때 노을 빛깔을 이 학생처럼 유심히 살펴본 적 있는가? 대체로 빨강이나 주황이라 생각하며 대수롭지 않게 보아 넘겼을 것이다. 우리가 책이나 노래에서 읽고 들었던 빨강이나 주황이 우리 관념에 새겨진 까닭이다. 그러니 채원이가 쓴 파랑과 보라는 낯설다. 오늘 내일이라도 노을을 볼 기회가 닿는다면 유심히 살펴보길 바란다. 우리 관념 속 빨강이나 주황인지, 채원이 말처럼 파랑도 있고 보라도 있는지 살피길 바란다.

이렇게 채원이는 머릿속에 뿌리박힌 관념으로 글을 쓴 게 아니라 직접 보고 느낀 것을 글로 썼다. 어머니가 노을이라고 했을 때 채원이가 허투루 보았다면 도저히 쓸 수 없는 글이다. 노을을 보며 받은 감동으로 유심히 보았기에 그 빛깔에 감동하고, 노을이 하늘을 덮었다고 말할 수 있다.

> (10/14) 효린이랑 걸어갔다. 오늘 걸어가다가 나뭇잎 위에 이슬이 있었다. 나뭇잎을 톡! 쳐 보았다. 이슬이 툭! 떨어졌다. 신기했다. 💩
>
> 영근샘 학교를 걸어온다. 늘 걷는 길이라 똑같은 것을 보며 걷는다. 새로운 것은 아무것도 없다. 못 보던 꽃을 봐도 늘 보던 것에 묻혀 별다를 것이 없다. 새로운 친구를 만나도 늘 만나서 오던 친구와 겹친다. 그냥 스쳐 지나갈 뿐 남는 게 없다. 글똥누기를 쓰며, 둘레를 쓱 본다. 무심코 보는데 이슬이 보인다. 톡 쳐 보니 툭 떨어진다. 늘 보던 모습이지만 신기하게 보인다. 글똥누기다.

다. 마음을 풀어 준다

> (7/16) 학교 가기 싫다. 졸리다. 쉬고 싶다. 귀찮다. 💩

학생들이 쓴 글똥누기 가운데 위와 같은 글을 자주 본다. 처음 학생들과 글똥누기를 쓸 때는 이런 글을 보면 그 학생을 좋지 않게 보거나 잔소리를 하곤 했다. 그런데 시간이 지날수록 이렇게 쓴 학생을 헤아리는 마음이 커졌다. '얼마나 학교에 오기 힘들었으면 이렇게 썼을까.' 하는 생각이 들며, 이 학생과 이야기라도 나누며 기분을 풀어 주고 싶다. 요즘은 이렇게 글이라도 쓰며 마음을 풀었으면 좋겠다는 생각이 든다.

"왜 울어요?"

"……"

"그럼 글로 써 줄래요?"

아침에 남학생이 울며 교실로 들어온다. 왜 우는지 물어도 대답이 없다. 몇 번을 물었더니 대답을 하는데, 울먹이며 하는 말이라 무슨 말인지 알아들을 수 없다. 도리어 말하며 더 크게 운다. 안아 준다. 품에서도 울음이 그치지 않는다.

"○○야, 마음을 진정하고 네 자리에 가서 왜 우는지 글로 좀 써 줄래?" 하며 종이를 두 장 줬다. 종이를 가지고 자리에 가더니 글을 쓴다. 학생은 글을 쓰는 동안 울음을 그쳤다. 몇 분 뒤 자기가 쓴 글을 가져온다.

자세하게 써 온 학생 글에 운 까닭이 드러난다. 밤새 부모가 부부 싸움을 했는데 그 싸움이 아이가 보기에 너무 크고 두려웠던 것이다. 부모는 집에 있는 물건을 던지며 싸우고, 아침에는 급기야 할아버지까지 오셨단다. 그리고 부모가 이혼하겠다고 하는 말을 듣고 아이가 학교에 왔다. 그러니 울음이 날 수밖에 없다.

"○○야, 어른들도 우리와 비슷해. 서로 생각이 다르면 가끔 싸워. 우리 친구들이 시간이 지나면 싸웠던 것을 잊고 잘 지내듯이 어른들도 시간이 지나면 다시 웃으며 잘 지내. 아마 부모님도 그럴 거야. 너무 걱정하지 말고." 하고 안아 주며 다독였다. 학생이 고개를 끄덕이더니 자기 자리로 돌아간다. 이렇게 불안한 마음으로 학교에 온 아이 마음이 걱정

되다 보니 아이에게 눈길이 자주 간다. 그런데 크게 걱정하지 않아도 될 것 같다. 학생은 글을 보여 주고서 돌아가더니 곧 짝과 웃으며 이야기 나누고 잘 놀고 있다.

불과 몇 분 사이에 아이 모습은 왜 이렇게 달라졌을까? 이게 글쓰기의 힘이다. 글이 아이들 마음을 풀어 준 것이다. 이 아이는 부모가 싸우는 모습을 보고 마음도 아프고 걱정이 컸다. 마음이 불안해서 눈물만 흐른다. 이런 마음을 이 아이는 온전히 글로 풀었다. 자기 마음을 글에다 담는 것만으로도 아이 마음이 풀렸다. 이렇게 글이 아이들 마음을 풀어 주기도 한다.

"죽고 싶다."

6월 어느 날 아침, 교실을 한 바퀴 도는데 여학생이 자기가 쓴 글똥누기를 나에게 내밀었다. 깜짝 놀랐다. 보통 때 눈에 잘 띄지 않는 학생이었는데 이렇게 과감하게(?) 공책을 내미는 게 낯설었다. 보통 때에는 글똥누기를 한두 줄 쓰던 학생인데 이번에는 한 쪽을 꽉 채우고 다음 쪽으로 넘어갈 만큼 길게 썼다. 학생의 글똥누기를 읽어 내려가는데 내용이 아프고 슬프다. 집에서 너무 힘들다는 내용이다. 죽고 싶을 만큼 힘들다고 썼다.

'얼마나 힘들었으면 썼을까.'

'얼마나 힘들면 쓴 글을 나에게 내밀었을까.'

이 내용으로 학생과 이야기를 나눴고 문제가 심각하다는 것을 깨달았다. 학부모와 상담도 하고 학교 상담교사와 연결해 전문상담도 받았다. 그 뒤 이 학생은 잘 버텼고, 중학교 가서도 잘 지낸다고 들었다. 이때 이 학생에게 했던 말이 있다.

"힘든 걸 이렇게 글로 써 줘서 고마워요. 앞으로도 힘들 때가 있을 거예요. 그때는 오늘처럼 글로 써 풀어내세요."

참사랑땀 반 학급살이에 '밥친구'라는 활동이 있다. 교실에서 급식을 먹는데 이때 영근 샘과 밥친구가 함께 밥을 먹는다. 밥친구와 밥 먹은 다음 잠깐 학교 둘레를 돌며 두런두런 이야기를 나누기도 한다. 그날 하루 수업 시간에 책을 읽을 때도 밥친구가 가장 먼저 읽는다. 이런저런 부탁할 게 있어도 밥친구에게 먼저 묻는다. 여러 가지로 애써 주는 밥친구를 위해서 노래를 한 곡 불러 준다. 내 옆에 의자를 놓고 앉게 하고서는 노래를 한 곡 부른다. 죽을 만큼 힘들다고 썼던 이 학생이 밥친구일 때 영근 샘이 불러 준 노래는 강산에의 〈넌 할 수 있어〉였다. 이 노래를 부르는 까닭을 딱히 말해 주지는 않았지만 노래로써 응원하고 싶었다.

어려워 마 두려워 마 아무것도 아니야
천천히 눈을 감고 다시 생각해 보는 거야
세상이 너를 무릎 꿇게 하여도 당당히 네 꿈을 펼쳐 보여 줘

라. 글 쓰는 즐거움을 맛본다

'글쓰기가 즐겁다고?'
'말도 안 돼.'
글쓰기가 부담스러운 학생들은 '글 쓰는 즐거움이 있다고?' 하는 생각이 들 수 있다. 그런데 날마다 글을 쓰는 사람은 안다. 글을 쓰고 나서 느

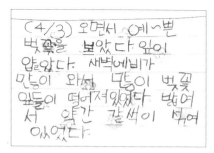

4학년 글똥누기

꺼지는 개운한 기분을. 날마다 쓰던 글을 하루라도 쓰지 않으면 똥 누고서 뒤를 닦지 않은 것처럼 찝찝하다고 한다.

4학년 학생이 쓴 글이다. 비가 많이 내려 떨어진 벚꽃 잎들을 보고 왔다고 한다. 밟혀서 갈색을 띤 꽃잎을 보고 쓴 글이다. 이 글을 보면 행복한 기분이 가득 든다. 정성껏 색칠한 벚꽃 잎들도 그렇지만 글 내용도 흠잡을 데가 없다. 틀린 글자도 있지만 이건 문제가 되지 않는 좋은 글이다.

이 글을 쓴 학생 처지에서 생각해 보자. 이 글을 쓸 때 이 학생은 기분이 좋았을까? 쓰기 싫은데 억지로 쓰며 힘들었을까? 직접 묻지 않았고 그 마음을 완전히 헤아릴 수 없지만 이 글만 봤을 때 이 학생은 즐거운 마음으로 글을 썼을 것이라고 짐작할 수 있다.

우리 학생들이 글 쓰는 즐거움을 알길 바란다. 글을 쓰는 게 그리 힘든 일이 아니라는 것을 알길 바란다. 하지만 교과서에서 정해 준 틀에 따라 글을 쓰고, 대회에서 던져 준 글감으로 글을 쓰면 이런 즐거움을

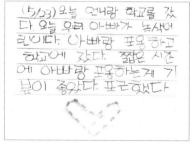

글똥누기를 쓰다 보면 글 쓰는 즐거움이 자연스럽게 스며든다.

맛볼 수 없다. 자기가 하고픈 말을 글로 담아야 한다. 그때야 비로소 글 쓰는 즐거움을 맛볼 수 있다. 물론 일기를 날마다 쓰면서 이런 즐거움을 느낄 수도 있다. 글똥누기를 쓰면서 글 쓰는 즐거움을 느낄 수도 있다.

날마다 글똥누기를 쓰면 학생들이 싫어하지 않을까, 하는 생각이 들 수 있다. 누군가에게 그런 걱정 어린 말을 들어도 "아니요. 모두 좋아해요."라고 말하지 못하는 것도 사실이다. 글똥누기를 처음 쓰는 1학년 학생들 가운데는 글똥누기를 좋아하는 학생들이 많았다. 자기들이 하고 싶은 말을 글이라는 그릇에 빌려 쓰는 것이니 좋아하는 학생들이 많았다.

고학년은 조금 다르다. 하고 싶은 말을 쓰는 즐거움보다는 글 쓰는 어려움을 먼저 겪은 학생들은 글 쓰는 즐거움을 아는 데 시간이 걸린다. 이런 학생들에게는 하루에 한 줄이라도 쓰도록 꼬드기고, 쓴 글에 칭찬과 격려를 아끼지 않는다. 이제까지 글을 쓸 때와는 다른 기분이 들게 하는 것이다. 이때 시간이 꽤 오래 걸린다. 언제쯤 글을 쓰는 즐거움을 느낄지, 얼마나 걸릴지 알 수 없다. 그러다가 어느 순간 '아, 참 좋네.' 하는 생각이 들 때가 있다. 부담감 없이 하고 싶은 말을 글로 쓰는 아이 모습을 봤을 때이다.

마. 자연을 소중하게 여긴다

"선생님, 새가 죽어 있었어요."
"그래요? 어디에 있었나요?"
"교문 옆에 있었어요."

(10/22) 학교 오면서 죽은 참새를 봤다. 불쌍했다. 💩

　우리 학생들은 학교에 도착하자마자 가장 하고 싶었던 말을 한다. 친구나 선생님에게 말한다. 이 말은 곧 글똥누기가 된다. 주로 학교로 오는 동안 마음을 쏟으며 보거나 겪은 일이다. 이때 자연에 대한 내용을 빼놓을 수 없다. 자연은 우리 곁에 있다. 이 자연을 못 느끼고 살아갈 뿐이다. 바쁘고 공부로 찌든 우리 학생들에게 돌려줘야 하는 것들 가운데 하나가 '자연'이다.

　학생들이 자연을 대상으로 쓴 글똥누기를 보면, 아이들이 둘레 자연과 얼마나 쉽게 하나가 되고, 어울리는지 알 수 있다. 가끔 우리 학생들이 작은 곤충을 함부로 죽이는 모습을 본다. 그 곤충이 자기와 아무런 관계가 없기 때문이다. 왜 관계가 없을까? 앞에서 말했듯 바쁘고 공부에 찌들어서 그렇다.

> 오늘 학교 오다가 의자에서 달팽이를 보았다. 달팽이가 의자에서 떨어져서 내가 풀숲에 놓아 주었다. 달팽이가 없어졌다. 그런데 찾았다. 달팽이가 날 보았다. 나도 달팽이를 보았다. 달팽이가 다시 갔다. 나도 학교를 갔다. 내 생각에는 달팽이가 나처럼 학교를 가는 것 같다. 오늘은 학교에서 열심히 할 거다. 달팽이도 학교에서 잘한대요. 💩
>
> 오늘 학교 오는 길에 바위 구석대기에서 나오지 못하는 나비를 보았다. 그래서 바위를 들어 살려 주었다. 💩

　자연에 조금만 관심을 가져도 달팽이도 보이고, 나비도 보인다. 용진이는 달팽이가 의자에서 떨어진 것을 보고 풀숲에 놓아 둔다. 달팽이와 서로 얼굴을 맞대며 이야기한다. 서로 학교에 가자며, 학교에서 열심히 잘하자고 말한다. 성재는 바위 구석빼기에서 나비를 보았나. 잘 나오지 못하는 나비를 위해 바위를 살짝 들어 준다. 어려움을 겪는 나비가 날아가도록 돕는 마음이 곱다. 글똥누기를 쓰는 학생들은 이렇듯 둘레에 있는 작은 목숨에도 관심을 쏟는다. 그러니 자연을 소중하게 여길 수밖에 없다.

글똥누기를 날마다 쓰면 자연을 만나는 학생들 눈빛과 몸짓은 달라진다. 소중하게 여기는 마음이 더 커 갈 거라 생각한다. 교육은 늘 삶 속에서 꽃피듯 글똥누기와 함께 일상에서도 우리 학생들에게 자연을 자주 만날 수 있게 해 주는 것이 좋다. 학생들과 자연을 살피고 자연과 어울려 놀 수 있는 시간을 주는 것이 좋다.

"우리 나들이 갈게요."

"나들이에서 뭐 해요?"

"아, 비가 오니 빗소리도 듣고, 비도 맞으려 해요."

비가 오는 여름날, 학생들과 학교 둘레를 걷는다.

"선생님, 저기 참새가 죽었어요."

비에 마음이 갔던 학생들은 죽은 참새로 마음이 옮아간다. 저절로 옮아가는 이 마음을 글똥누기에 그대로 담는다.

"우리 어떻게 할까요?"

"묻어 줘요."

우리는 그 옆 꽃밭에 땅을 파고 참새를 묻었다. 그리고 잠깐 서서 좋은 곳으로 가길 바랐다가 다시 비에게로 마음을 옮겼다.

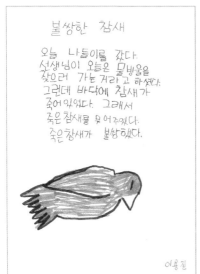

불쌍한 참새

오늘 나들이를 갔다.
선생님이 오늘은 물방울을
찾으러 가는 거라고 하셨다.
그런데 바닥에 참새가
죽어있었다. 그래서
죽은 참새를 묻어주었다.
죽은 참새가 불쌍했다.

이용진

죽은 새
조혜인
나들이 가다가 죽은 새를
발견했다. 옥상에서 떨어진
것 같다. 불쌍해서 묻었다.
정말정말 불쌍했다. ☹

자연을 느끼고 쓴 글똥누기, 이용진   자연을 느끼고 쓴 글똥누기, 조혜인

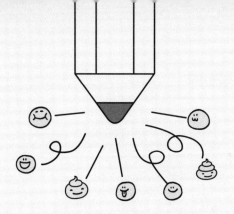

둘째 마당

글똥누기는
어떻게 시작할까?

1. 어디에 쓸까?

"글똥누기는 어디에 써요?"

"작은 수첩이면 좋겠어요."

글똥누기를 시작할 때 글을 쓸 곳, 종이가 필요하다. 초등학생들은 흔히 공책에 글을 쓴다. 글똥누기는 조금 다르다. 날마다 쓰는 글이고 짧은 글이 많다. 한두 줄로 쓰는 글도 많다. 교실에서도 쓰지만 때로는 바깥에 가지고 나가서 쓰기도 한다.

길게 쓰지 않아도 되고 아이들이 가지고 다닐 수 있는 정도의 크기로, 어떤 게 좋을지 궁리하며 찾다가 작은 수첩으로 정했다. 글똥누기 수첩의 크기는 공책이나 종합장 크기의 반 정도이다. 이보다 조금 더 작은 수첩을 글똥누기 수첩으로 쓰기도 한다.

글똥누기 수첩을 작은 크기의 수첩으로 하는 까닭은 작은 수첩이 글똥누기에 좋은 점이 많기 때문이다. 앞서 말했듯 글똥누기는 길지 않게 쓰는 글이고 바깥에도 가져갈 수 있으니 굳이 큰 공책으로 할 필요가 없다.

이 밖에도 좋은 점이 참 많다. 작은 수첩이라 처음 글똥누기를 쓰는 학생들도 글을 쓰는 부담감이 적다. 학생들은 며칠만 쓰면 한 쪽 면이다 차서 곧 다음 장으로 넘긴다. 글을 쓸 때 책장이 이렇게 잘 넘어가니 새로운 기분이 들기도 한다. 아울러 글똥누기 활동을 오래 한 경험으로 비춰 볼 때 글똥누기 수첩이 크기는 작지만 장 수는 꽤 많다. 한 권이면 한 해 동안 쓰기에 충분하다.

그리고 수첩은 표지가 두꺼운 종이거나 플라스틱으로 되어 있어서, 한 해 동안 써도 잘 찢어지거나 구겨지지 않는다. 그렇다고 가격이 많이 비싼 것도 아니다. 한 권에 천 원에서 이천 원 정도이니 한 해 동안 쓰는 비용으로도 부담이 적다.

글똥누기 수첩에는 가로 줄이 있는데, 그 줄로 그어진 선이 너무 굵거나 진하지 않은 것이 좋다. 학생들이 글똥누기에 그림을 담기도 하기 때문이다. 줄 간격은 공책을 고를 때 가장 큰 고민이 되는 요소이다. 사실 수첩에 그어져 있는 줄 간격이 초등학생이 쓰기에는 조금 좁다. 놀랍게도 학생들은 크게 불편함을 느끼지 않고 곧 적응해서 쓰는데, 적응하는

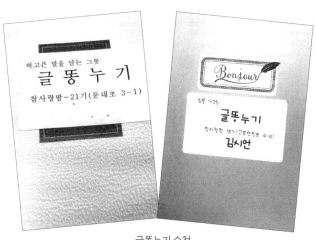

글똥누기 수첩

속도는 학급마다 학생마다 다 다를 수 있다.

특히 수첩의 줄 간격이 좁아 저학년이 쓰기에 불편하면 초등학생용 공책을 반으로 잘라서 써도 좋겠다. 그런데 내 경험으로는 1학년도 작은 크기 수첩에 곧잘 적응해 썼다. 한 해를 마치기 전에 글똥누기 공책을 다 쓰는 학생들이 있기 때문에, 글똥누기 수첩은 학생 수보다 조금 더 넉넉하게 준비해 두는 것이 좋다.

글똥누기 수첩은 2월 전에 사 두는 게 좋다. 보통 한 반에 학생이 스무 명에서 서른 명이다. 글똥누기 수첩은 학생 수보다 열 권 정도 여유를 두고 사는 편이어서 서른 권에서 마흔 권을 사 둔다. 이 정도 수량을 한 번에 살 수 있는 문구점이 드물기 때문에 미리 몇 차례에 걸쳐 조금씩 사 두는 편이다. 그러다가 개학하기 전에 학생들 이름을 받으면 그때 수첩을 꺼낸다.

수첩 표지에 학생들 이름을 하나씩 라벨 종이에 인쇄해서 붙인다. 라벨 종이는 한 면에 스물한 개가 있는 것을 주로 쓴다. 그다음에는 글똥누기라는 제목을 쓴 라벨을 표지에 붙인다. 글똥누기 제목 앞에 설명하는 글을 덧붙이는데, 우리 반에서는 '하고픈 말을 담는 그릇'이나 '삶을 가꾸는' 따위의 부제를 작게 쓴다. 학생들 이름을 붙인 글똥누기 수첩을 학생들이 앉을 자리에 둔다. 처음이니 번호 차례대로 수첩을 둔다.

개학하는 날이다. 학생들은 교실에 들어와서 두리번거리며 어디에 앉아야 할지 망설인다. 이때 학생들이 자기 자리를 찾을 수 있도록 '책상 위 수첩에 여러분 이름이 있어요. 그곳에 앉도록 하세요.' 하고 칠판에 미리 써 두거나, 직접 이야기한다. 학생들은 이리저리 다니며 자기 이름을 찾는다. 글똥누기 수첩을 보고 자기 자리를 찾은 학생들은 자리에 앉는다.

첫날이라 무엇을 해야 할지 망설이던 학생은 글똥누기를 이리저리 살피면서 '이게 뭐지?' 하는 표정으로 갸웃한다. 수첩에 대한 궁금증을 뒤로하고는 선생님, 친구들과 첫날 학급살이를 시작한다.

"여러분, 책상 위에 뭐가 있나요?"

셋째 시간에 학생들에게 물었다.

"수첩이요."

"이름이 뭐지요?"

"글똥누기요."

"글똥누기가 뭔지 말해 줄게요. 글똥누기는 날마다 아침에 쓰는 글이에요. 오늘도 첫날 글똥누기를 지금 쓸 건데요. 여러분들이 글똥누기를 쓸 때 가장 고민하는 게 무엇을 쓸까, 하는 거예요. 생각해 봐요. 집에서 아침에 일어나 있었던 일, 내가 한 일도 좋고, 식구와 주고받은 말도 좋아요. 학교 오는 길에 보거나 듣거나 겪은 걸 써도 좋고요. 오는 길에 나무나 풀을 본 이야기도 좋고, 둘레에서 일어나는 일을 써도 좋아요. 학교 오는 길에 혼자였다면 혼자 걸어오며 들었던 생각도 좋고, 친구랑 같이 왔다면 친구랑 있었던 일도 좋아요. 교실에 들어와서 했던 일도 좋아요. 좋았던 것만 쓰지 않아도 돼요. 혼났거나 속상했던 일도 좋아요. 그리고 쓴 것을 선생님에게 보여 주면 돼요. 어떻게 한다고요?"

"선생님에게 보여 줘요."

그러고는 바로 쓴다. 컴퓨터를 켜고 쓰는 방법을 보여 준다.

"자, 첫 줄에는 날짜를 먼저 써요. 날짜를 쓸 때는 괄호로 해요. 오늘

(3/2) 오늘은 개학하는 날이다. 첫날이라서 걱정이 많았다. 무슨 선생님을 만날지 궁금하다. 마음이 아주 설레였다. 다행히 착한 선생님을 만나서 기분이 좋고, 마음이 안정된다. 새 친구들도 만났다. 근데 어색하고 낯설었다. 앞으로 친구들에게 친하게 지내야겠다.

(3/2) 오늘 어떤 선생님, 어떤 친구들을 보게 될지 무척 궁금하였다. 오늘 남자 선생님

(3/2) 4학년 선생님을 봤는데 너무 무섭다. 근데 시간이 지나니 4학년 선생님이 안무섭고 재미있다. 근데… 화내면 너무 무섭겠다

새 학기 첫날 글똥누기 하는 참사랑땀 반 아이들

이 3월 2일이니, (3/2)라고 써요. 그리고 그 옆에 하고 싶은 말을 써요. 글의 길이는 길어도 좋고 짧아도 좋아요. 하고 싶은 말을 솔직하게 쓰되, 정성껏 쓰면 좋겠어요. 그럼 우리도 써 볼게요."

"선생님, 다 썼어요."

"그럼 가지고 와 볼래요."

학생들이 쓴 글똥누기를 하나하나 읽는다. 첫날 쓰는 글똥누기는 아주 바른 글씨로 꽤 많이 쓴다. 첫날 긴장한 학생들에게는 선생님이 처음으로 써 보라고 하는 글이니 더 신중하게 열심히 쓴다. 물론 모두가 그런 것은 아니다. 몇몇은 무엇을 써야 할지 몰라서 쓰지 못하기도 하고, 몇몇은 '할 말이 없다.'고 쓰는 학생도 있다. 이 또한 반가운 일이다. 첫날부터 '저에게 조금 더 관심을 보여야 해요.'를 알려 주는 자료이니 말이다.

왜 첫날부터 할까?

학생들이 '처음' 겪는 것은 오래 남는다. 학생들이 처음 경험한 것은 다른 것의 기준이 된다. 놀이도 처음 한 놀이를 가장 많이 해 달라고 한다. 책도 처음 읽어 준 책은 내용을 다 알고 있고, 그 책이 다른 책들의 재미를 가르는 기준이 된다.

처음 하는 것도 첫날에 한다면 학생들 마음에 더 많이 남는다. 첫날 책상 위에 올려 둔 책을 보고 어떤 여학생은 일기에, '우리 선생님은 올해 책 읽기를 강조할 것 같다.'고 썼다. 글똥누기를 첫날 하는 까닭이 이 일기에 담겼다. 또 다른 까닭은 첫날부터 해야 학생들이 이것을 당연하게 받아들일 수 있기 때문이다.

첫날을 맞는 참사랑땀 반 교실 모습

3. 쓰고 보여 주기

"글똥누기를 쓰면 꼭 보여 주세요."

"고마운 마음으로 정성껏 읽을게요."

"쓴 내용으로 문제 삼지 않아요."

"쓴 내용을 함부로 말하지 않아요."

글똥누기를 처음 하는 3월 한 달 동안 자주 하는 말이다. 학생들이 글똥누기를 쓰면 담임선생님에게 보여 준다. 글똥누기는 아이들의 '삶'이기에 글똥누기를 볼 때는 검사하는 게 아니라, 고마운 마음으로 정성껏 읽는다. 쓴 내용을 가지고 문제 삼지 않으며, 쓴 학생에게 동의를 구하지 않고서 다른 학생들에게 내용을 함부로 말하지 않는다.

학생들은 교실에 오면 가방을 책상에 올려놓고 집에서 가져온 것을 정리한다. 오늘 배울 교과서를 사물함에서 가져와 정리한다. 입고 온 겉옷을 벗어 정리한다. 그러고는 자리에 앉아 글똥누기 수첩을 편다.

"선생님, 글똥누기요."

학생이 내미는 글똥누기를 본다. 한 줄이든 여러 줄이든 자기가 하고 싶은 이야기를 쓴 글이다. 집에서 있었던 일, 학교로 오면서 겪거나 보고

들은 이야기, 학교 와서 한 것, 오늘 몸과 마음의 상태, 오늘 하루에 대한 기대 따위를 글똥누기에 담는다.

> (10/19) 오늘 8시 28분쯤 출발했는데 지각하지 않아서 다행이다. 💩

"아, 아침에 늦게 일어나 지각할 뻔했군요."
"네."
"그래도 좋은 하루 보내요."
"네."
자리에 돌아가 하루를 시작한다.

> (5/10) 어제 줄넘기를 하다가 발목이 삐었는데 오늘도 아파서 발목보호대를 차고 왔다. 근데 신발과 실내화를 신을 때 불편했다. 💩

"발목을 다쳤어요?"
"네, 줄넘기 하다가요."
"그래? 지금은 어때요?"
"괜찮아요."
"다행이다. 다음에는 조심하세요."
"네."
조심조심 자리로 돌아간다.

> (7/14) 오늘은 내가 밥친구다. 아싸~ 💩

"오늘 밥친구인가요?"

"네."

"아싸! 영근 샘도 좋아요. 무슨 노래 듣고 싶은지 생각해 두세요."

"네."

웃으며 자리로 돌아간다.

글똥누기를 보여 준 학생들은 자리로 돌아가서 저마다 하고 싶은 일을 한다. 학생들이 글똥누기를 쓰고 나서 영근 샘에게 보여 주는 시간은 그리 오래 걸리지 않는다. 학생들마다 다르지만 대부분 5분을 넘지 않는다. 영근 샘에게 글똥누기를 보여 주고 난 학생들은 잠깐 동안 짝과 이야기를 나누거나, 책을 읽으며 다른 학생들을 기다린다.

학생들이 글똥누기를 보여 줄 때면 영근 샘은 글똥누기 내용에 맞장구친다. 말로 하지 않을 때도 많다. 엄지손가락을 치켜세우기도 하고, 머리를 쓰다듬기도 한다. 글똥누기에 담긴 글은 학생들 '삶'이다. 학생들이 자기 삶을 짧은 글로 보여 주기에 소중하게 살펴봐야 한다.

4. 모두 살펴보기

"글똥누기 아직 안 보여 준 사람?"

"△△와 ○○는 쉬는 시간에 보여 주세요."

학생들에게 글똥누기는 날마다 보겠다고 말한다. 글똥누기는 아침 시간에 모두 보려고 하고, 이 약속은 꼭 지키려 한다.

학생들은 아침에 보통 8시 40분부터 교실에 들어온다. 9시가 등교 시간이라 학생들은 8시 40분부터 9시 사이에 온다. 교실에 들어온 학생은 글똥누기를 쓴다. 학생들은 글똥누기를 쓰자마자 가져와서 보여 준다. 영근 샘은 글똥누기를 바로 본다. 학생들 글똥누기를 하나하나 읽으며 바로바로 맞장구쳐 주면서 글똥누기 보기를 마친다.

학생들이 쓴 글똥누기를 모아 뒀다가 한번에 살펴보는 선생님도 있다. 이럴 경우 모아 둔 글똥누기를 읽으며 글마다 답 글을 쓰기도 한다. 교실에서 사는 모양새는 선생님마다 다 다르다. 교사가 자기 반에 따른 여러 처지를 헤아리며 알맞은 방법으로 하면 된다.

영근 샘은 학생들 글똥누기를 아침에 다 보려 한다. 아침에 모든 학생의 글똥누기를 보는 까닭은 학생들의 몸과 마음 상태를 글똥누기로 알 수 있기 때문이다. 또한 글똥누기는 대부분 길지 않은 글이라 금세 살펴

볼 수 있다.

아침마다 영근 샘이 모든 학생들의 글똥누기를 다 볼 수 있는 방법은
'기록'이다. 영근 샘은 학급살이를 기록하는 양식을 따로 만들어 놓았다.
바로 참사랑땀 학급살이인데, 여기에는 학생들 이름과 글똥누기 목록이
있다. 학생들이 글똥누기를 보여 줄 때마다 기록지에 글똥누기를 했다고
기록한다. 학생 이름 옆 글똥누기 칸에 동그라미로 표시하는 것이 가장
쉬운 방법이다.

영근 샘은 학생 이름 옆에 학생들이 글똥누기로 쓴 내용을 간단하게
써 둔다. 그렇게 하면 내용을 더 정성껏 살필 수 있다. 내용을 한 자라도
쓰려면 글똥누기를 볼 때도 허투루 볼 수 없다. 학생들이 쓴 글똥누기
내용을 기록해 두면 머릿속에 오래 남는다. 학생들이 하는 말이나 글을
듣고 읽는 것만으로도 마음속에 오래 남으면 좋겠지만, 영근 샘은 읽기
만 하면 바로 흘러가 버려 빨리 잊어버리는 편이다. 학생과 이야기를 나

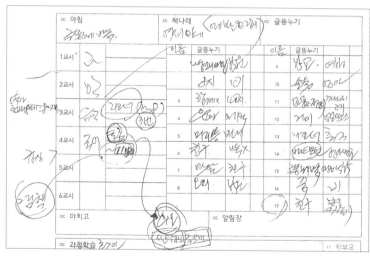

참사랑땀 학급살이 기록지. 학생들의 글똥누기를 날마다 기록해 둔다.

눌 때 글똥누기가 좋은 소재가 되는데, 읽고 지나가면 머리에 남은 것이 없어 아쉬울 때가 많다. 그런데 학생들이 한 말이나 쓴 글을 짧게 써 두면, 나중에 글만 보고도 글똥누기 내용이 다시 생각난다. 학생이 쓴 글로 조금 더 이야기를 나눠야겠다는 생각이 들면 쉬는 시간에 학생을 불러 다시 물어보기도 한다.

학생이 학교에 늦게 올 때는 글똥누기를 못 쓸 수도 있다. 집에서 해야 할 과제를 못 하고 학교에 오면, 아침에 과제를 하기도 한다. 이때도 글똥누기를 쓸 수 없다. 여러 까닭으로 아침에 글똥누기를 쓰지 못했을 때는 학생들에게 쉬는 시간에라도 쓰고 보여 달라고 한다. 이때 글똥누기를 학생 스스로 챙기기도 하고, 영근 샘이 챙기기도 한다.

참사랑땀 학급살이 기록지에는 아침 시간에 글똥누기를 하지 못한 학생의 칸이 비워져 있다. 영근 샘은 기록지를 확인하고 그 학생에게 다가가 "글똥누기 보여 주세요." 하고 일러 준다. 가끔 학교행사가 있을 때는 모두가 못 쓸 수도 있다. 이럴 때는 다음 수업을 시작할 때 글똥누기를 쓰게 하고 학생들이 쓴 글을 본 다음 수업을 시작한다.

참사랑땀 반은 글똥누기를 보여 줄 때 알림장을 함께 가져와 같이 보여 준다. 우리 반은 날마다 수업을 다 마치고 나서 알림장을 쓴다. 그러

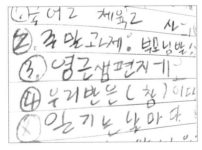

참사랑땀 반 아이의 알림장

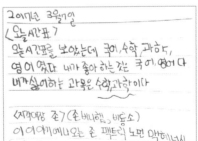

글똥누기

고 나서 학생들 스스로 집에서 알림장 내용을 하나하나 확인하며 알림장 내용 앞에 동그라미 표시를 한다. 이렇게 알림장을 보며 자기 스스로 하루하루를 챙길 수 있다. 이것이 '자기주도'와 '학생자치'의 시작이라 생각한다. 그래서 아침에 알림장을 확인하는 것은 하루 수업을 제대로 시작하는 것을 뜻한다.

배움에 집중을 제대로 못하는 학생이거나, 생활이 불안정한 학생들 가운데 알림장을 제대로 쓰지 않거나 펼쳐 보지 않는 학생이 많다. 그러한 학생들에게 알림장 내용을 스스로 확인하게 하면 도움이 된다.

5. 함께 쓰기

"선생님도 글똥누기 쓰세요?"

"네. 저도 쓰고 있어요."

"저도 쓰고 싶은데, 너무 힘들더라고요."

공부 모임을 같이하는 후배 선생님이 하는 말이다. 학생들은 글똥누기를 잘 쓰는데 정작 선생인 본인은 잘 쓰지 못한다고 했다. 글똥누기가 쓰기가 쉽지 않다는 걸 스스로 알게 되니, 학생들이 쓴 글똥누기를 볼 때 조금 더 고마운 마음으로 정성껏 볼 수밖에 없다고 했다.

참 아름다운 말과 삶이다. 글똥누기를 함께 쓰려는 노력은 학생들을 사랑하는 마음이 있기에 할 수 있다. 직접 써 보니 어렵다며 학생들 글을 볼 때 조금 더 정성껏 보게 된다는 말에서 학생들을 생각하는 선생님 마음이 잘 전달된다.

사실 영근 샘도 글똥누기를 함께 써 보려 하다가 여러 번 실패했다. 글똥누기를 시작하고 함께 써 봐야지 하고는 몇 해를 거듭 실패했다. 마음가짐을 굳게 먹고서 학생들과 같은 수첩에 내 이름을 쓰고 시작하는데, 늘 실패다. 한 주 정도 쓰고는 늘 멈췄다. 다시 써 보겠다고 수첩을 꺼내지만 표지가 너무나 무겁게 느껴져 넘기지를 못하고 그만둔다. 후배 선생님 말씀처럼 글똥누기를 쓴다는 게 정말 힘들었다.

그러다가 어느 해부터 쓰기 시작해 지금까지 계속 쓰고 있다. 해마다, 날마다 쓰고 있다. 그 비결은 영근 샘이 글똥누기 수첩이 아닌 우리 반 하루 기록지인 '참사랑땀 삶 남기기'에 쓰면서부터이다. 기록지 맨 위에 [글똥누기] 칸을 하나 만들며 쓰기 시작했다. 날마다 새 기록지를 한 장씩 펼치며 하루를 준비한다. 이때 가장 먼저 맨 위 글똥누기 칸에 글똥누기를 쓴다. 그러면서부터 영근 샘도 날마다 글똥누기를 쓰고 있다.

글똥누기를 학생들과 함께 날마다 쓰니 좋은 게 여럿 따라왔다. 교사 또한 글똥누기를 쓰며 자기 삶을 가꿀 수 있다는 점이 가장 좋다. 학교 오는 길에 둘레를 유심히 살핀다. 구름 한 점 흘러가는 데 마음을 빼앗기고, 길옆에 피어난 꽃 한 송이에 눈길을 빼앗기고 만다. 자기 몸 상태에 더 충실하며 날마다 다르게 움직이는 마음을 그대로 받아들일 수 있게 된다.

영근 샘의 글똥누기

"선생님, 글똥누기 썼어요?"

"그럼요."

"그럼 보여 주세요."

"자, 보세요."

"아, 못 읽겠다."

"읽어 줄까요?"

영근 샘이 자기들이 쓴 글똥누기를 유심히 살피듯, 학생들도 영근 샘이 쓴 글똥누기를 보고 싶어 한다. 모든 학생들이 날마다 영근 샘 글똥누기를 보여 달라고 하지는 않지만. 가끔 보여 달라는 학생들 요청에 글똥누기를 보여 줄 때면 절로 어깨에 힘이 들어간다. 가끔은 아침을 여는 시간이나, 수업을 할 때 영근 샘 글똥누기를 읽어 주기도 한다. 문집에도 영근 샘 글똥누기는 꼭 함께 싣는다.

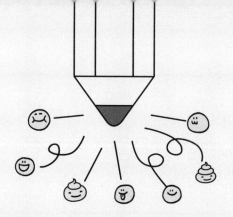

셋째 마당

글똥누기는
어떻게 지도할까?

1. 날짜 쓰기

"날짜를 꼭 써 주세요."

학생들과 글쓰기를 할 때면 꼭 이렇게 말한다. 글을 쓸 때 꼭 날짜를 쓰자고 일러 주는 건 학생들에게 날짜 쓰는 버릇을 들여 주고 싶기 때문이다. 무슨 글을 쓰든 언제 썼는지를 글 앞뒤 어디에든 써 두는 건 좋은 버릇이다.

글똥누기도 날짜를 꼭 쓴다. 글똥누기는 일기처럼 날마다 쓰는 글이다. 날짜를 쓰며 일기 쓰기를 시작하듯 글똥누기도 날짜를 쓰며 시작한다. 글똥누기에 날짜를 쓰는 방식도 학생들마다 다르다. 이것도 학생 개성이기에 영근 샘은 그대로 두는 편이지만, 처음 글똥누기를 지도할 때는 날짜 쓰는 방법을 설명해 준다.

날짜 쓰기 여러 사례

글똥누기는 작은 수첩에 쓴다. 한 쪽에 열두 줄에서 열다섯 줄 정도 줄이 있다. 글똥누기 수첩을 펴고 가장 먼저 날짜를 쓴다. 날짜는 년-월-일 형태로 나타낼 수 있지만 글똥누기는 짧은 글쓰기이기에 날짜만 간단하게 쓴다. 몇 월 몇 일만 나타내며 (월/일)이나 월/일)과 같이 숫자를 괄호로 묶은 형태로 쓴다.

3월 2일이라면 (3/2)이나 3/2)처럼 쓴다. 요일까지 쓰기도 한다. 요일을 넣을 때는 (3/2, 월)이나 3/2, 월)로 쓴다. 요일을 써 두면 요일마다 드러나는 특징을 알 수 있다. 또한 글똥누기를 문집으로 엮을 때 요일까지 써 주는데, 이렇게 미리 써 두면 더 편하다. 학생들을 위해 칠판 한구석에 날짜와 요일을 아래와 같은 모습으로 써 주면 좋다.

(3/2, 월) 첫날이라 학교에 일찍 왔다. 첫날이니 행복하게 웃으며 살고 싶다.
(3/3, 화) 오늘은

글똥누기에 날짜 쓰는 법을 가르칠 때 보여 주는 예시

글똥누기 수첩에 날짜를 써 보라고 하니 학생들이 어리둥절해한다. 학년마다 학생마다 받아들이는 게 다르지만 대체로 많은 학생들이 어려워한다. 학생 처지에서는 써 본 적이 없는 글이니 그럴 수밖에 없다. 컴퓨터를 켜고 교실 앞 텔레비전으로 보여 주며 다시 한번 설명하고 써 보게 한다. 첫날 한 번 알려 주고 끝이 아니다. 학년에 따라 한 주 동안 여러 번 되풀이해서 일러 줄 때도 있다.

2. 내용 쓰기

"날짜 옆에 하고 싶은 말을 글똥누기로 써요."

오늘 날짜를 쓴 학생들은 글똥누기 내용을 쓴다. 글똥누기에서 가장 중요한 알맹이가 바로 내용이다. 글똥누기 내용은 날짜 바로 옆에 쓰라고 일러 주지만, 날짜 아래에 쓰는 학생도 더러 있다.

글똥누기는 날마다 쓰는 글이다. 오늘 글똥누기를 쓸 때는 어제 쓴 글똥누기에서 한 줄 띄고 쓴다. 오늘 글똥누기를 쓸 때면 하루에 한 장씩, 그러니까 지난 날 글똥누기를 쓴 쪽에서 종이를 한 장 넘겨 새 쪽에 쓰는 학생들이 꼭 있다. 그럴 때는 오늘 글똥누기는 지난날(보통 어제) 쓴 쪽에서 한 줄만 띄고 이어서 쓰는 것이라 일러 준다. 그 까닭은 한 장에 하루씩 쓰면 한 쪽을 다 채워야 하는 부담을 가지는 학생들이 있기 때문이다. 어제 쓴 글똥누기에서 한 줄만 띄고는 오늘 날짜를 쓰고 글똥누기를 쓰도록 알려 준다.

(4/17)
오늘 35분에 학교에 갔다. 왜냐하면
오늘 시오 여는 아침을 하기 때문이다.

(5/18) 현승이가 전학을
가니 아쉽다.

글똥누기 내용을 쓰는 자리는 학생마다 다르다.

"선생님, 몇 줄 써요?"

"쓰고 싶은 만큼 쓰세요."

"한 줄만 써도 돼요?"

"그럼요."

학생들과 무슨 글쓰기를 하든 학생들은 늘 같은 질문을 한다. 바로 '몇 줄 쓰면 돼요?'이다. 제 글을 쓰는데도 얼마만큼 써야 하는지 갈피를 못 잡는다.

이건 누구 탓일까? 무엇 하나 아이 스스로 할 수 있게끔 못하게 한 내 탓이다. 아이가 말하고 싶은 만큼, 생각하는 만큼 마음껏 쓸 수 있어야 한다. 글똥누기는 그런 글쓰기이다. 글똥누기 이름에 '한 줄'이나 '두 줄'이라며 줄 수를 굳이 붙이지 않은 까닭이기도 하다.

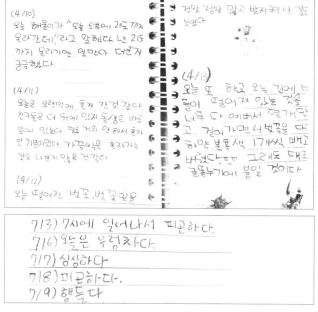

글똥누기 쓰기의 여러 사례. 먼저 쓴 글에서 한 줄 띄고 이어 쓴다.

"선생님, 학생이 똑같은 것만 써요."

"그 친구 끈기도 대단하네요."

글똥누기를 하는 교실마다 똑같은 내용을 쓰는 학생이 하나둘씩 있다. 이때 많은 선생님들이 이런 학생을 지켜보는 것을 힘들어한다. 결론부터 말하자면, 그 힘든 마음을 좀 내려놓으면 좋겠다. 모든 학생들이 내 뜻대로 될 수는 없지 않겠는가. 위에서 웃으며 한 대답처럼 똑같은 글을 날마다 쓰는 그 학생 끈기도 대단하다.

하지만 이는 교사의 깊은 마음을 헤아리지 못하고 쉽게 말한 것이기도 하다. 사실 선생이 힘든 까닭은 그 학생이 힘들어하는 마음이 선생한테까지 고스란히 와닿아 속상하기 때문이다. 쓸 내용을 찾지 못한 학생이 마음에 걸린 탓이다. 이렇게 고민하는 선생님처럼 우리 교실에도 비슷한 내용('쓸 말이 없다', '오늘은 ○○하다')을 쓰는 학생이 있었다. 이런 학생들은 시간을 두고 천천히 꼬드긴다. 색다른 내용을 썼을 때, "우와!" 하

글똥누기 쓰기의 여러 사례.
글쓰는 양에 부담 갖지 않아도 된다.

고 맞장구치기도 하고, 글똥누기를 쓰기 전에, "○○야, 지금 네가 ○○하던 거 글똥누기에 쓰면 좋겠는데." 하며 꼬드긴다. 그렇다고 바로 학생이 좋아지거나 바뀔 거라 기대하지는 않는다. 천천히 조금씩 글똥누기의 즐거움을 알아 가고 생각과 마음을 드러낼 수 있도록 돕는 것이다.

(4/4) 오늘 학교 오는 길 집에서 지렁이를 봤다. 💩

(4/5) 오늘도 집 앞에서 지렁이 1마리를 봤다. 💩

(4/6) 오늘 또 집 앞에서 똑같은 지렁이 2마리를 보았다. 💩

(4/9) 오늘은 집 앞에 지렁이가 없었다. 💩

(4/23) 오늘은 지렁이 1마리를 보았다. 💩

(4/25) 오늘 집 앞에서 죽은 지렁이를 봤다. 💩

(5/3) 오늘 지렁이 1마리를 보았다. 💩

(5/4) 오늘 어제의 지렁이가 말라 죽은 것을 보았다. 💩

(5/8) 오늘은 말라 죽은 지렁이가 땅바닥에 붙어 있는 것을 보았다. 💩

5학년 학생이 지렁이 이야기를 썼다. 4월 4일 처음 지렁이 이야기를 쓴 이 학생은 다음 날인 5일에도 지렁이를 봤다고 했다. 4일과 5일 글을 잘 보면 지렁이를 본 장소가 다르다. 5일에는 지렁이 한 마리를 봤다고 썼고, 그다음 날에는 두 마리를 봤다고 썼다. 이렇게 쓰기 시작한 지렁이 이야기는 5월 8일까지 아홉 번을 썼다. 지렁이 이야기를 두 번 또는 세 번 정도 이어서 쓰면, '얘는 지렁이밖에 쓸 게 없나?' 하는 생각이 드는 게 사실이다. 치음 글똥누기를 할 때는 학생들에게 이런 생각을 그대로 전하기도 했지만 요즘은 그렇게 말하지 않는다. 같은 지렁이 이야기지만 날마다 지렁이를 유심히 보는 이 학생의 눈길이 따뜻하다. 같은 내용을 썼더라도 날에 따라 그 글을 쓰는 마음이 어떠한지가 그대로 보인다.

✎ 글똥 생각 나누기

무엇을 쓸지 생각하는 모습이 좋다

아침에 교실에 들어온 학생은 가방과 자리를 정리한다. 정리를 마친 학생은 글똥누기를 편다. '뭘 쓰지?' 하고 생각한다. 학교 오는 길에, '이거 써야지.' 하고 생각해 오지 않았으면 교실에 앉아 무엇을 쓸지 생각한다.

학생이 생각하는 모습을 유심히 지켜본다. 고개를 들고 천장을 보며 생각하는 학생, 눈을 감고서 생각하는 학생, 고개를 갸웃거리는 학생도 있다. 제 글똥누기에 쓸 이야기인데도 옆 짝에게 묻는 학생도 있다. 이렇게 무엇을 쓸지 생각하는 모습이 좋다. 공부와 게임에 파묻혀 바쁘게 사는 우리 학생들이 잠깐이라도 생각하는 모습을 보는 게 좋다. 골똘히 생각하다가 무언가 탁 떠오르면 연필을 잡고 글똥누기를 쓴다.

3. 글 다듬기

(4/6) 오늘 학교 오면서 장미 봉오리를 봤다. 💩

(7/6) 오늘 내가 글씨 대장이 될 것이다! 💩

글똥누기는 하고 싶은 말을 글로 쓰는 것이기 때문에 짧은 글이 많다. 아침에 쓰니 한 문장으로 하고 싶은 말을 다 담을 때가 많다. 흔히 글을 쓸 때 육하원칙을 모두 담아야 한다고 하는데, 글똥누기는 그렇게 하지 않아도 된다.

위 두 글똥누기도 그렇다. 한 문장으로 쓴 아주 짧은 글이다. 그런데도 할 말을 다 담았다. 장미 봉오리를 본 눈이 곱다며 어디서 봤는지 물었다. 글씨를 잘 쓰고 싶은 학생의 마음이 '글씨 대장'이라는 말에 담겨있다. '글씨가 참 곱다.' 하며 칭찬으로 마쳤다.

"그래서 어떻게 되었나요?"

"아, 네. 그게요."

"미안한데, 방금 말하려 한 그걸 글똥누기로 덧붙여 써 줄 수 있나요?"

글똥누기를 보여 준 학생들에게 자주 하는 말이다. 글을 읽는데 읽어도 무슨 밀인지 모를 때가 있다. 글씨가 삐뚤빼뚤해 알아볼 수 없을 때도 있고, 아주 짧게 써서 그 내용을 알 수 없을 때도 있다. 이럴 때는 물을 수밖에 없다. 물으면 학생은 말로 술술 풀어낸다. 학생 머릿속에는 글로 쓰지 못한 내용이 다 들어 있기 때문이다. 이때 학생에게 그 내용을 글로 덧붙여 줄 수 있는지 물은 뒤 써 보게 한다. 물론 그냥 말로 하고 싶다는 학생도 있다. 이런 학생들에게는 말로 하게 하며, 다음에는 글로 써 달라고 한마디 보탠다.

"이건 누가 한 말이에요."

"엄마요."

"엄마가 왜 이 말을 하셨어요?"

"제가 늦게 일어났거든요."

"아, 그럼 그걸 넣어서 써 주세요."

[처음 쓴 글]	[고쳐 쓴 글]
오늘은 엄마한테 혼났다. 외냐면 (왜나면) 내가 늦게 일어나니깐.	(5/19) 오늘은 엄마한테 혼났다. 왜냐하면 내가 늦게 일어나니깐. "세현아, 빨리 일어나." 나는 들은 척도 안했다. 그래서 "세현아, 매 가져와." "네." 해서 갖고 왔는데 엄마가 이랬다. "매를 벌어요. 매를."

글을 다듬는 건 늘 조심스럽다. 수업 시간에 하는 글쓰기가 아니라 글똥누기라 더 그렇다. 그래서 앞에서와 같이 질문으로 덧붙일 게 있으면 덧붙이는 정도로만 한다. 물론 글은 몇 번이고 읽으며 다듬으면 훨씬 더 매끄럽고 좋은 글이 될 수 있다. 담임선생님이 직접 다듬어 주면 더 그럴듯한 글로 보일 수도 있다. 그런데 앞서 몇 번이나 말했듯, 글똥누기는 학생들 삶이다. 삶을 담는 그릇인 글똥누기를 함부로 고치는 건 자칫 위험할 수 있다.

✎ 글똥 생각 나누기

참사랑땀 반이 글 다듬을 때 약속 세 가지
1. 스스로 다듬는다.
2. 글 쓰고 바로 다듬는다.
3. 문집 같은 데 발표할 때 글을 다듬는다.

4. 글 맛보기

(10/13) 오늘 엄지도, 숫자도, 아무런 글자도 없고 그림만 있는 옷을 입고 왔다. 💩

(10/13) 아띠 우리말이 있는 옷이 없어서 우리말이 있는 손수건을 가져왔다. 💩

학생들 글똥누기를 보면, '이걸로 함께 이야기 나누면 좋겠다.' 하는 글똥누기가 있다. '와, 솔직하게 잘 썼다.' 하는 생각이 드는 글도 있다. 그럴 때면 함께 읽으면 좋겠다는 생각이 절로 든다. 학급에 행사가 있는 날은 행사에 대한 내용이 가득이다. 아띠(참사랑땀 반에서 달마다 한 번씩 모두가 같은 활동을 하는 시간) 하는 날이면 관련 글똥누기가 많다.

"오늘 글똥누기를 보니 아띠가 많았어요. 몇 개 읽어 볼까요? 아띠로 쓴 사람 중에 보여 줄 수 있는 사람?"

이렇게 몇몇 학생들이 쓴 글똥누기를 읽어 주면 그날 아띠로 설레는 학생들 마음이 하나가 된다.

학생들이 9시까지 등교하면 9시 10분에는 수업을 시작하는 편이다.

첫 수업을 하기 전 몇 분은 '아침을 여는 시간(보통 조회시간)'으로, 하루 수업을 살피며 학생들과 이런저런 이야기를 나눈다. 이때 학생들이 쓴 글똥누기를 몇 개라도 함께 맛보며 여러 가지 이야기를 나누면 좋다. 학생들 글똥누기를 읽으며 삶을 엿본다. 학생들의 글을 읽다 보면 생각을 따라갈 수 있다.

> (11/16) 아침에 깍두기랑 밥을 먹다가 이가 빠졌다. 상쾌하다. 💩
>
> (5/29) 이빨이 빠졌다.
> 어제 사탕을 깨물었는데 이빨이 빠졌다. 빠진 곳이 어금니. 💩

"이 빠졌나요?"

"네."

"와, 축하해요. 나중에 이거 소개하고 노래 불러 줄게요."

이 말에 이가 빠졌던 학생이 웃으며 자리로 돌아간다.

"여러분, ○○ 글똥누기 좀 들어 볼래요? ○○, 글똥누기 좀 읽어 주세요."

이가 빠졌다는 글똥누기를 들으며 몇몇은 웃는다.

"자, 그럼 우리 이 빠진 거 축하하며 함께 노래 부를까요?"

기타를 꺼내어 〈이빨〉(김미정 노랫말, 백창우 곡) 노래를 부른다.

이빨

나 어제 이빨 뺐어요 / 실로 잡아당겨 뺐어요 /

지붕 위에 이빨을 던지고 / 까치야 노래를 불렀어요 /

까치야 까치야 / 헌 이 줄게 새 이 다오

학생들도 목청껏 노래한다. 이가 빠졌던 학생도 함께 노래한다. 글똥누기를 맛보며 얻을 수 있는 작은 즐거움이다. 그 일이 있은 뒤, 다른 학생들도 이가 빠지는 날이면 글똥누기에 쓴다. 아주 사소한 일이지만 글로 소중하게 살핀 삶은 이렇게 함께 나눈다.

> (10/20) 오늘 아침에 숲에 간다. 기대된다. 💩
>
> (10/31) 오늘 아침에 일어났다. 엄마 생일이었다. 좋았다. 💩
>
> (6/13) 어제 엄마 생일이여서 케이크를 아빠가 사 온다고 했지만 엄마가 케이크는 별로라고 해서 회를 사서 생일 축하를 해 주었다. 💩

○○ 글똥누기를 보니 오늘이 엄마 생일이란다. 생일 축하해 드릴까, 하니 고개를 끄덕이며 웃는다. 학생들과 ○○ 엄마 생일 축하드리자며 한 번 연습하고는 전화했다. 모두가 숨죽이며 전화 받기를 기다린다.

"네. 선생님."

"아, ○○와 아이들이 하고픈 말이 있다네요. 잠깐만요."

"생일 축하합니다. 생일 축하합니다……."

"아, 고마워요."

"엄마, 생일 축하하고 사랑해요."

"그래, ○○야. 엄마도 사랑하고 고마워."

학생들은 손뼉을 치며 성공이라며 좋아했다. 학생들이 집에 가고 난 뒤, ○○ 어머니께서 문자를 주셨다.

아까 지인들과 식사 중에 울컥했어요. 제가 엄마가 된 게 축복인 거죠?

아이들과 선생님께 감사하는 마음으로 집에 오자마자 노래했어요. 정말 감사해요. 잊지 못할 오늘 정말 축복이에요. 아이들 모두에게 ○○ 이모가 감동 폭풍에 빠졌다고 전해 주세요.^^

✏️ 글똥 생각 나누기

6학년 학생들 글똥누기 보며 주고받은 말

아침마다 학생들이 쓴 글똥누기를 보며 참 여러 이야기를 나눈다. 두런 두런 나눈 이야기 가운데 몇 가지를 소개한다.

- 칼에 손을 베었다고 쓴 학생의 글똥누기에는 "지금은 괜찮니? (괜찮아요.) 그래도 보건실에 가서 밴드 하나 바르고 오렴. 올 때 내 밴드도 하나 가져 오고." 한다.
- 산더미 같은 영어 과제로 힘들었다는 주상이에게는 "아이고, 이리 힘들어서 어쩌냐. 힘내라." 하며 손을 맞부딪친다.
- 엄마가 늦잠을 자서 아침을 못 먹었다는 주성이에게, "어머니가 많이 피곤하셨나 보네.(네. 일에 바느질까지 힘드세요.) 그럼 네 스스로 챙겨서 먹어 보자." 했다.
- 준엽이는 권투를 한단다. "와, 권투? 다른 사람은 때리지 마." 하니 준엽이가 씩 웃는다.
- 동생하고 같이 산에 오르는데 동생이 뛰어가 버렸다는 지원이는 동생이 1학년이라고 한다.
- 새 필통으로 기분이 좋다는 수정이에게 "수정아, 저거? (네.) 엄청 크네. 축하해." 했다.
- 어제 회장, 부회장에 떨어진 민주는 2학기에 도전한단다. "민주야, 어제 떨어져 아쉬운가 봐. (민주가 고개를 끄덕인다.) 괜찮지? (네.) 그래 2학기에 또 도전해 보렴."

- 수인이는 동생이, 재영이는 언니가 감기란다. "빨리 나으라고 전해 줘."
- 혜원이는 오늘 선생님이 이야기를 해 주면 좋겠단다. "혜원아, 어떤 이야기를 원해? (혜원이가 수줍게 웃으며 말한다. 재미있는 이야기요.) 그럼 너를 위해서 재미있는 이야기 해 줄까? (혜원이가 씩 웃는다. 얼굴이 붉어진다.)"
- 우산을 가져왔다고 쓴 민경이에게는 "이렇게 햇살이 좋은데? (엄마가 오후에 비 온대요.) 그래? 얘들아, 오후에 비가 온다네." 했다.
- <개똥이네 놀이터>에서 잘못을 해도 혼나지 않은 것이 부럽다는 정연이다. "왜 정연아, 너는 혼이 나니? (네. 작년에 혼 많이 났어요.) 올해는 아직 안 혼나고 있잖아? (네.) 잘해 보자. (네.) 사랑해. 그리고 영근 샘도 화나면 호랑이보다 무섭다. (정연이가 네 하며 웃는다.)" 호랑이 이야기는 하지 말 것을 그랬다.
- 목이 부었다는 승찬이에게는 "물 많이 마시렴." 했다.

5. 글자를 모를 때

"자, 글똥누기 쓸게요." 하는데도 글을 쓰지 않는 학생이 있다. 그건 대체로 글을 잘 못 쓰거나 글 쓰는 것을 싫어하기 때문이다. 두 가지 모두 학생이나 지도해야 하는 선생님이나 오랜 시간 동안 애써야 한다. 글을 쓰기 싫어하는 학생은 앞서 이야기한 대로 천천히 글똥누기를 쓰며 마음을 열도록 해야겠지만, 글자를 몰라서 못 쓰는 학생에게는 조금 다르게 지도해야 한다. 마음을 열도록 하는 것은 물론이고 글자를 가르치는 지도도 함께 해야 한다.

1학년 학생들과도 글똥누기를 할 수 있다. 글자를 아직 다 깨우치지 못한 1학년 학생들이 어떻게 글똥누기를 할 수 있는지 여러 선생님들이

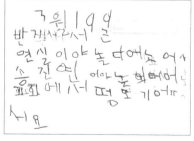

저학년과 글똥누기를 할 때는 글자 지도와 글똥누기 지도를 함께 해야 한다.

묻는다. 마땅히 학생들이 글을 알 때까지 기다려야 한다. 글을 깨우치는 시기는 학생마다 조금씩 다르다. 영근 샘이 1학년만 내리 3년째 가르치던 때가 있었는데, 요즘 교육과정과 달리 많은 학생들이 집에서 글자를 배워서 학교에 들어왔다. 그래서 그때는 3월에 바로 글똥누기를 시작했다. 하지만 요즘은 학교에서 글자를 천천히 익히니 글똥누기를 시작하는 때가 더 늦겠다고 생각하는 선생님들도 있을 것이다. 그러한 예상과는 다르게 1학년의 글똥누기를 3월에 시작할 수 있다.

'글자를 알 때까지 기다린다'고 하고서는 '3월에 시작한다'고 하니 두 말이 서로 모순일 수도 있다. 이를 좀 더 자세히 풀어 말하자면 글자로 온전히 쓰는 글똥누기를 하려고 하면 글자를 알 때까지 기다리고, 글자로 쓰지 않더라도 학생들과 삶을 나누는 자리로 글똥누기를 한다면 3월에도 할 수 있다는 뜻이다.

"여러분, 아침에 학교 오면 영근 샘에게 와서 가장 하고 싶은 말 한마디만 해 주세요. 이걸 글똥누기라고 할게요. '글똥누기 할게요.' 하면 영근 샘에게 말해 주세요." 하면서 글똥누기를 시작할 수 있다. 이때 글을 쓸 줄 안다면 글을 써도 된다고 말할 수 있다.

처음 학교에 들어온 1학년 학생들이 처음 글자를 배우더라도 시간이 좀 지나면 많은 아이들이 글을 쓸 수 있게 된다. 그게 보통 6월쯤이다. 그때쯤 되면, "자, 이제 글똥누기를 글로 써서 영근 샘에게 보여 주세요. 여러분이 영근 샘에게 하던 말을 글로 써서 보여 주세요." 하며 이제껏 말로 해 오던 글똥누기를 글로 옮겨 간다.

당연한 말이지만, 어느 한 날짜에 학생들 모두가 글을 쓸 수 있는 게 아니다. 글자를 어려워하며 잘 쓰지 못하는 학생들은 글똥누기를 어떻게 할까? 글자를 모르는 1학년 학생들과 크게 두 가지를 함께했다.

가장 흔히 쓰는 방법으로 짝의 도움을 받는 것이다. 1학년 학생들은 다른 학년 학생들과 달리 서로 모르는 것을 묻고 아는 것을 나누는 것에 크게 거리낌이 없다. 짝에게 글똥누기로 담고 싶은 내용을 말로 하면 짝은 그 말을 글로 옮겨 써 준다.

다른 방법은 영근 샘이 글을 써 주는 방법이다. 학생은 글똥누기 수첩을 가지고 영근 샘에게 온다.

"어서 와요. 오늘은 무슨 말을 하고 싶나요? 쓰고 싶어요?"

"네. 오늘은 ……."

학생은 영근 샘이 써 준 글똥누기를 가지고서 자리로 돌아간다. 짝이나 영근 샘이 글을 써 주었다면, 자리로 돌아가기 전 학생에게 한 가지를 부탁한다.

"지금 쓴 글똥누기를 그대로 한번 따라 써 보세요."

영근 샘이 써 줄 때 기다리는 다른 학생이 없다면 그 자리에서 글자 하나하나 손가락으로 짚어 가며 읽게 할 때도 있다. 글 대신 그림으로 표현하는 것도 좋겠다는 생각에 그림을 그리게 하기도 했다. 생각보다 학생들이 자기 마음속에 담긴 말을 그림으로만 그리는 건 어려워했다.

초등학교 담임선생님은 사소한 것부터 하나하나 살펴야 한다. 2학년 이상이면 누구든지 글을 쓸 수 있을 것이라는 생각으로 글똥누기를 쉽게 시작하면 그것 또한 자칫 학생을 다치게 할 수 있다. 3학년, 길게는 4학년 가운데에도 글자를 잘 모르는 학생이 있다. 이런 학생들은 어느 정도 공통점이 있는데, 글자를 모르고 지낸 시간이 길었던 탓에 글쓰기를 좋아하지 않는다는 것이다. 어떤 학생은 글똥누기를 두려워하기도 한다. 참사랑땀 반에서도 이런 학생을 여럿 만났다.

한 학생은 3월에 하는 국어 진단평가는 문제를 잘 읽고 정답을 잘 찾았기에 아무 문제가 없는 줄 알았다. 이 학생이 글똥누기를 계속 안 써서 산소리를 하기도 했는데, 며칠 동안 살피니 글자는 읽는데 제대로 쓰지 못하는 것이었다. 글똥누기 수첩을 앞에 두고는 표정이 슬프다. 힘이 없다. 누가 봐도 자신감이 적다. 그 뒤로 이 학생에게는 더 조심스러웠다. 짝에게 도와 달라고 부탁할 수도 없었다. 그래서 이 학생이 쓸 수 있는 만큼(낱말 하나라도) 쓰게 하고서 학생의 말을 듣고 글을 써 주는 방식으로 도왔다. 그러다가 어느 날 문장으로 쓰는 날(글똥누기로 쓸 내용이 비슷할 때는 앞에 쓴 글을 보고 쓸 수 있다.)에는 크게 좋아했다. 둘이 함께 손뼉도 마주 부딪치며 웃었다.

✏️ 글똥 생각 나누기

장애가 있어 글자를 모르는 학생

장애가 있는 학생과 지낼 때가 있다. 장애 정도에 따라서 그 학생과 할 수 있는 학급살이가 다르다.

글똥누기도 장애 정도에 따라 얼마나 할 수 있을지가 다르다. 영근 샘과 이야기를 주고받으며 정확하지는 않더라도 학생이 직접 쓰기도 하고, 학생이 한 말을 영근 샘이 글로 써 주며 글똥누기를 한다. 그렇게 한 글똥누기를 문집에 담아낸다.

6. 조심할 점

　우리가 생각하는 글쓰기 지도는 흔히 다음과 같은 과정으로 이루어
진다. 학생에게 글 쓰는 방법을 알려 준다. 그러면 학생은 그 방법대로
글을 쓰고 선생님에게 보인다. 선생님은 글을 읽고 학생이 쓴 글에 도움
말을 한다. 선생님 도움말을 들은 학생은 자기가 쓴 글을 고친다.

　이 흔한 글쓰기 지도 방법을 글똥누기에 그대로 적용해도 될까? '아
니다'라고 딱 잘라 말할 수는 없지만, '그렇다'고도 할 수 없다. 글똥누기
성격에 맞게 지도해야 한다.

가. 학생을 알려고 애쓴다

"학생들의 글똥누기는 왜 읽을까요?"
"학생을 알기 위해서입니다."

(5/29) 오늘 너무 피곤했다.
세수할 때도 실눈 뜬 채로 세수했다. 💩

(5/30) 오늘 비가 온다.
비 안 오는 줄 알고 우산 안 가져왔다가 다 맞았다. 💩

(5/24) 오늘 집에서 누워 있었다.
근데 학교를 가야 하는데 너무 힘들고 피곤해서 2분 누워 있다가 학교
를 갔다. 💩

　　교사들에게 글똥누기로 강의할 때면, "선생님, 아침에 학생들 몸과 마음의 상태는 어떻게 알아보나요?" 하고 묻는다. 선생님마다 방법이 있을 텐데, 많은 선생님들이 아이들의 상태를 알아채는 걸 '눈썰미'라고 한다. 말하자면 선생님 눈에 비친 학생의 모습이다. 학생 표정이 어두우면 안 좋은 일이 있을 것이고, 학생 움직임이 보통 때와 다르다면 몸이 안 좋을 수 있다. 이렇듯 눈썰미로 학생들의 몸과 마음 상태를 조금은 알 수가 있다. 그렇지만 눈썰미로 모든 학생들의 몸과 마음 상태를 제대로 알아채기에는 한계가 있다.
　　이를 보완하기 위해 '눈썰미'와 함께 쓰는 방법으로는 '묻는 말'이 있다. "오늘 혹시 아프거나 마음이 불편한 사람 있나요?" 하고 묻는 것이다. 이때 손을 드는 학생이 있다면 그 학생의 감정이나 상태를 헤아릴 수 있다. 이때도 모두가 자기감정을 솔직하게 표현해야 한다는 전제가 따른다. 사실 학생들이 친구들 앞에서 자기 몸과 마음 상태를 솔직하게 드러내기는 쉽지 않다.
　　우리 반에서 글똥누기를 하는 까닭은, 아침마다 학생들 몸과 마음의

상태를 알기 위해서다. 앞서 말했듯 날마다 글을 쓰지만, 글똥누기로 글을 잘 쓰게 하려는 욕심은 없다. 물론 글똥누기로 글을 날마다 쓰다 보면 글 쓰는 힘이 생긴다. 그건 덤으로 따라오는 것일뿐 으뜸으로 두지 않는다. 아울러 학생이 쓴 글똥누기는 보통 영근 샘만 읽는다. 학생이 쓴 몸 상태나 기분을 본인이 원하지 않는데 다른 친구들에게 굳이 보이거나 알릴 필요도 없다. 그러니 영근 샘은 학생들이 보여 주는 글똥누기를 고마운 마음으로 정성껏 읽는다.

> (4/2) 오늘은 8시 50분에 등교했다. 오늘은 나 혼자 학교에 왔다.
> 난 맨날 외톨이 같다. 💩
>
> (3/16) 날씨가 너무 좋아서 기분이 좋다.
> 그래서 오늘 아침 뛰며 나왔다. 💩

학생들이 쓴 글똥누기에 몸과 마음이 다 드러나지 않을 수 있다. 당연하다. 학생들이 쓰는 글똥누기는 학생이 하고픈 말, 쓰고 싶은 내용이라 저마다 다를 수 있다. 몸과 마음의 상태를 쓴 게 아니라 자연을 보고 느낀 걸 쓸 수도 있고 그날 배울 수업 내용을 쓸 수도 있다. 언뜻 보기에 자연이나 수업 내용을 담은 글똥누기에는 학생들 마음이 안 담긴 것 같지만, 사실 그렇지 않다. 학생 마음이 그곳에 머물렀기에 자연을 담고 수업 이야기를 쓸 수 있다.

학생에 따라 몸이 아프거나 마음이 힘들어도 글똥누기에 쓰지 않을 수 있다. 이것 또한 당연하다. 처음 만난 3월에 제 마음을 열고서 다 드러내기는 쉽지 않다. 관계가 쌓이고, 온전히 드러내도 되겠다는 생각이 들었을 때 마음이 고스란히 글에 담긴다.

나. 틀린 글자는 모른 척한다

"글똥누기에서 속과 겉은 무엇인가요?"

"속은 삶을 담은 내용이고 겉은 나타내는 글자겠지요."

"무엇이 더 중요한가요?"

"저는 속이 더 중요하다고 생각해요."

　다음은 1학년 학생이 교실 바깥에 나가서 쓴 글똥누기이다. '가을 하늘을 보고' 글똥누기로 써 보자고 했더니 다 썼다며 보여 준 글이다. 이 글을 읽고 어떤 생각이 들까? 아마도 많은 분들이, '와, 시다.', '우와, 좋다.', '1학년이 저런 글을 쓰다니.' 하는 반응을 보이며 놀랐을 것 같다. 이렇게 크

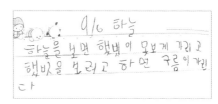

바깥 글똥누기, 1학년

게 놀라지 않더라도, '아, 좋네.' 하는 정도로 생각이 들 것이다. 영근 샘이 강의할 때 이 글똥누기를 보여 주면 많은 선생님들이 보인 반응이기도 하다. 글을 읽으며 절로 드는 생각, 절로 나오는 말이다. 영근 샘도 그랬다. "와, 좋네요. 하늘이 정말 그런가요?" 하며 함께 하늘을 보던 생각이 난다. 학생에게 글 참 좋다고 말하며 크게 감동했다.

이때 좋은 글을 본 놀라움과 함께 눈길이 잠깐 한곳에 머문다. 바로 '햇빗'이다. 1학년이지만 같은 글을 두 번 모두 '햇빗'이라 쓴 걸로 비춰 볼 때 이 학생은 '햇빛'이라는 글자를 제대로 모른다. 이때 "○○, 이리 와 보세요. 글자가 틀렸네요." 말하고는 틀린 글자를 지우고 '햇빛' 하고 쓰게 하는 선생님이 있다. 또는 빨간 펜으로 틀렸다고 표시하고서는 다시 쓰게 하거나 꾸지람하기도 한다.

희한하게도 우리 반 학생, 우리 아이가 이렇게 틀린 글자를 쓸 때 더 잘 보인다. 틀린 글자를 바르게 잡아 주고자 하는 마음이 드는 것은 당연하다. 그렇지만 영근 샘은 글똥누기를 읽으면서 틀린 글자를 바로잡지 않을 때가 더 많다.

"와, 잘 썼네요."

"글자가 틀렸네요."

위 글을 읽고 이렇게 반응을 전혀 다르게 할 수 있다. 이때 두 번째와 같은 말을 들은 학생 처지를 헤아려 본다. 학생은 하늘을 유심히 살

피며 햇빛과 구름이 번갈아 눈을 가리고 햇빛을 가리는 게 신기하다. 이 신기한 모습을 놓치지 않고 글로 담았다. 그런데 이 글을 선생님한테 보였더니 글자가 틀렸다고 한다. 심지어 혼나기도 한다. 다른 때 비슷한 일을 겪으며 글을 쓴다. 쓰고 싶은 게 있어 쓰려다가 글자가 틀리지 않도록 조심한다. 글을 쓰다가 걸림돌이 생겼다. 글자가 맞는지 확실히 모르겠다. '틀리면 어쩌지? 에이 그냥' 하며 쓰던 글을 지운다. 그러더니 아는 글자로 쓸 수 있는 글만 쓴다.

글똥누기는 '삶'이라 했다. 학생들 삶을 담는 그릇이 글똥누기에 쓰는 글자다. 틀린 글자가 조금 있어도 삶은 살아 있다. 글똥누기를 볼 때는 먼저 마음으로 받아들인다. 아래 글똥누기의 여러 사례 가운데 왼쪽에 담긴 글똥누기에서는 '않보인다' → '안 보인다', '간나' → '갔나?'로 고쳐야 한다. 그런데 글자 틀린 것은 굳이 보지 않으려 한다. 대신 많이 보던 고양이가 안 보였다는 아이 마음을 헤아린다. 오른쪽 글똥누기에서는 '쁘듯할 것' → '뿌듯할 것'으로 써야 한다. 이때도 글자보다는 어버이날을 맞아 부모님께 편지 드린 학생 마음을 북돋아 주는 게 먼저이다.

틀린 글자를 바로잡아 줄 때가 있다. 그때는 같은 글자를 여러 번 되풀이해서 틀리거나 많은 학생이 비슷하게 틀리는 글자를 발견했을 때이다. 이때는 틀린 글자를 바로잡아 준다. 틀린 글자를 바로잡아 줄 때에는

글똥누기의 여러 사례. 글자가 조금 틀려도 삶은 살아 있다.

글똥누기를 보는 도중에 학생에게 바로 말하지 않는다. 특히 3월처럼 글똥누기를 이제 막 쓰기 시작하는 시기에는 더 그렇다. 틀린 글자를 따로 말하는 시간을 갖는다. 수업 시간에 이야기한다면 국어 시간에 "우리 받아쓰기 두 문제만 해 볼까요?"하며 자주 틀리거나 많은 학생이 틀리는 글자를 문제로 내 본다. 물론 점수를 따지지 않는다. 틀리게 자주 쓰는 글자를 올바로 알려 주는 시간일 뿐이다. 놀랍게도 이때는 틀리게 쓰던 학생들이 맞게 쓸 때가 많다. 글똥누기에 후딱 쓰고, 와락 쏟아 내니 틀리게 쓸 때가 많다.

이따금 글똥누기를 보는 동안 틀린 글자를 말할 때도 있다. 이때는 학생과 관계가 잘 다져졌을 때다. 시간이 어느 정도 지나 글똥누기는 버릇이 되었고, 영근 샘이 학생에게 틀린 글자를 바로 이야기해도 상처받지 않는다는 믿음이 있다. 물론 학생마다 조금씩 다를 수 있다. 다만 이때도 "여기서 틀린 글자 하나 있는데. 고쳐 줄까요? 이 글자는 이렇게 써야 해요." 하며 조심스럽게 이야기해 준다.

> (3/8) 오늘 학교올 때
> 설이 가 아주 만이
> 끼겨있어서 신기 하였다

영근샘 학생들이 글자를 틀리게 쓰는 것도 그 성격이 조금 다르다. 잘 몰라서 틀리게 쓸 때가 있고, 와락 쏟아 내느라고 틀릴 수 있다. 이 글에서 '설이'는 '서리'로 써야 하는 것을 몰라서 쓴 경우이다. 다시 써도 또 틀릴 때가 있다. 반면, '만이'는 와락 쏟아 내다가 틀리게 쓴 것이다. 받아쓰기로 '많다'를 쓰게 하면 바르게 쓴다.

다. 못 쓴 글은 없다

"글을 잘 쓰기 위해 글똥누기 하는 건가요?"
"그건 아니라고 할 수 있어요."

왜 아이들과 함께 글똥누기를 쓸까? 영근 샘은 글을 잘 쓰게 하기 위해서가 아니라고 대답한다. 그 뜻을 더 잘 드러내기 위해 '절대 아니다.'라고 말하기도 한다. 앞서 이야기했듯이 학생들 몸과 마음의 상태, 마음을 읽기 위해 글똥누기를 쓴다. 그래서 아침마다 쓰며, 모든 학생이 쓴 글똥누기를 읽으려고 애쓴다.

> (4/18) 엄마가 감기에 걸려서 걱정이다. 💩
>
> (4/18) 동생하고 왔는데 가위바위보하며 왔다. 보자기는 다섯 걸음, 가위는 두 걸음, 주먹은 한 걸음으로 가는 거다. 가위바위보하며 왔는데 시간이 없을까 봐 하다가 멈추고 그냥 걸어왔다. 💩

글똥누기를 쓰는 목적이 글을 잘 쓰기 위해서가 아니기에 글을 보는 눈과 마음가짐이 글쓰기 수업과는 사뭇 다르다. 글똥누기에서 글은 학생의 삶을 담는 도구일 뿐 글쓰기가 주된 목적이 아니다. 글똥누기를 볼 때 학생이 하려고 한 말, 글로 담으려고 한 마음에 관심을 갖고 본다. 그렇기 때문에 글똥누기를 할 때는 글쓰기 수업의 지도 방법을 잘 쓰지 않는다. 자세하게 쓰기, 육하원칙을 살려 쓰기, 들어가기-본문-나오기처럼 글쓰기에서 기본으로 지도하는 내용을 글똥누기에서는 따로 지도하지 않는다. 글을 강조하다가 삶을 놓칠 수도 있기에 조심하고 또 조심한다.

> (4/23) 오늘 비가 왔다. 큰 물웅덩이가 있어서 폴짝폴짝 뛰다가 풍덩~! 하고 빠져 버렸다. 내! 발! 으~! 💩
>
> (4/23) 오늘 비가 아주 많이많이 왔다. 난 걱정이 됐다. 그 이유는 내일 현장체험학습을 가는데 내일 비가 오면 다음 주쯤 현장체험학습을 못 가기 때문이다. 💩

학생들은 저마다 다르다고 한다. 학생들이 다르다고 할 때는 생김새만 말하는 게 아니다. 사는 환경도 다르다. 같은 삼시 세끼를 먹어도 무얼 먹는지가 다 다르다. 주말에 식구와 지내는 모습도 다르다. 이렇게 다르게 사는 모습은 글똥누기에 다르게 나타난다. 그러니 글똥누기는 같은 잣대를 바랄 수 없다. 학생들이 글을 쓸 수 있는 힘(글자를 읽고 쓰는 힘, 삶을 글로 담을 수 있는 힘, 글로 담아내려는 마음가짐 따위)도 다 다르다. 이렇게 다른 힘을 가진 학생들에게 같은 결과를 바랄 수 없다. 다만 학생마다 가진 힘을 조금씩 키워 줄 수 있다. 글을 자주 쓰는 동안 읽고 쓰는 힘이 더 커 갈 것이고, 삶을 글로 담을 수 있는 힘도 커 갈 것이다. 이런 힘은 글똥누기를 날마다 쓰는 동안 저절로 생기는 것이지 이를 목적으로 두고서 글똥누기를 하지는 않는다.

군이 학생들이 글똥누기에 어떤 글을 쓰길 바라는지 묻는다면, '좋은 글'을 썼으면 한다고 답할 것이다. 글을 잘 쓰기를 바라기보다는 좋은 글을 썼으면 좋겠다. 그럼 어떤 글이 좋은 글일까? 글똥누기에서 좋은 글은 '삶을 잘 담은 글'이다. 삶을 담은 글이니 삶이 좋아야 한다. '좋은 삶'을 잘 지키고 가꾸어 갔으면 한다. 글똥누기를 쓰며 제 삶을 돌아보고 다시 보고 새롭게 보았으면 한다. 그래서 어제보다, 이전보다 조금 더 좋은 삶을 살았으면 한다. 글을 잘 쓰기보다 글을 쓰며 삶을 가꿨으면 하는 까닭이다.

영근샘 한번에 다 좋아지지 않는다. 글똥누기로 쓸 게 없다고 늘 말하는 학생이 꼭 있다. 글씨도 정성껏 쓰지 않는 학생이 꼭 있다. 계속 쓰도록 하며 조금씩 꼬드긴다.

> 10/29
> 오늘은 학교에 없어
> 재미가 없었다.
>
> 10/30
> 오늘아침에 학교 왔다

　시간이 흐르고 어느 날은 정성껏 썼다. 내용은 어제와 같더라도. 이럴 때, "우와, 글씨 정말 정성껏 썼네요." 하며 성장한 모습을 찾아 힘을 북돋아 준다. 제 힘껏 조금씩 커 가도록 한다. 다시 돌아가더라도.

라. 글로 나무라지 않는다

"○○, 이리 와 보세요."

"……."

"△△에게 왜 욕했나요?"

"……."

"여길 보세요. △△가 쓴 글."

"……."

부끄러운 모습을 고백하려 한다. 처음 담임이 되었을 때 날마다 일기를 쓰게 했다. 물론 지금도 참사랑땀 반 학생들은 일기를 쓰고 있다. 그때 학생들이 쓴 일기를 보는데, ○○가 △△에게 욕했다는 내용이 있었다. '이 녀석 보소. 내가 해결해 줘야지.' 생각하고는 ○○를 불러서 나무랐다.

○○가 그런 적 없다는 말까지 하기에 △△를 불러내어 있었던 일까지 말하게 했다. 이때 △△가 보인 모습을 잊을 수 없고 지금 생각해도 부끄럽다. △△는 내가 ○○와 있었던 일을 말하게 하라고 할 때 주뼛대며 난처해했다. 말하고 싶지 않다고 했다. 당황한 나는 △△에게 일기에 썼지 않냐며 화까지 냈다.

이때 일을 겪은 △△는 모르긴 해도 그 뒤로 일기에 이런 내용은 더이상 쓰지 않았을 것이다. 다른 학생들도 비슷하게 생각했을 것 같다. 그냥 있었던 일을 일기로 썼을 뿐, 이 내용으로 상담을 신청한 것도, 무엇보다 해결해 달라는 것도 아닌데 이렇게 나섰으니 말이다.

글똥누기에도 이런 글을 볼 수 있다. 이때는 "아, 그래요. 속상하겠어요." 하며 글똥누기를 쓴 학생 마음을 먼저 헤아린다. "어떻게 영근 샘이 도와줄까요?" 하며 글똥누기 쓴 학생에게 묻는다. 많은 학생은 헤아려 준 것으로 만족한다는 눈빛으로 괜찮다고 말한다.

도와 달라고 하는 학생이 있을 때는 그 학생을 불러서 이 학생이 쓴 글똥누기를 한번 읽어 보라고 한다. 그러면서 그 아래에 하고 싶은 말을 써 보게 한다. 오해가 있으면 자기 생각을 제대로 쓰고, 친구가 글똥누기에 쓴 내용에 대해 미안하면 사과하며 푼다.

"○○, 이리 와 보세요."

"……."

"영근 샘이 뭘 잘못했지요?"

"……."

"네, 행동을 돌아보고 쓰세요."

부끄러운 모습은 또 있다. ○○가 일기에 영근 샘이 싫다고 썼다. 일기를 읽는 내내 화가 났다.

'내가 뭘 그랬다고. 제가 제대로 못하는 것은 생각하지도 않고.'

영근 샘은 당장 ○○를 불러 일기에 쓴 내용을 따지고 물었다. 아니,

(6/8) 〈선생님의 기분〉
선생님은 아침마다 기분이 좋으셨다가 아니
면 ⇩ 된다. 변덕쟁이 선생님~ ㅋㅋㅋㅋㅋㅋ
싫은 ⇧×10000 이되면 ⇩면 중쥔다. 스마일~

(11 /21) (목)
날씨: 맑음
제목: 화 난 날
오늘 시를 쓸때 선생님이
노래를 불러 줬다. 나는 시를 가만
히 쓰고 있었는데 강윤이가
색연필을 뺏어 가서 달라고
내가 손을 내밀었는데 선생님이
장난친다고 그러면서 엎드리라고
했다. 할 만 있다면 선생님을
지구 밖으로 날려 버리고 싶었다.

솔직한 마음을 담은 글똥누기. 이렇게 솔직하게 쓴 글을 가지고 나무랄 일이 아니다.

일기 쓴 내용으로 혼냈다는 말이 더 올바른 표현이겠다. 부끄럽다.

글똥누기에서 이렇게 솔직한 마음을 담은 글을 만날 때가 있다. 아직도 불편한 마음이 전혀 없는 것은 아니지만, 마음가짐은 예전과 완전히 다르다. '아, 그래. 그래도 이렇게 써 주니 고맙네.' 하는 생각이 든다. 이런 글을 읽으며 "미안하다."고 혼잣말할 때가 많다. 학생이 오해했거나 잘못 생각해 영근 샘이 억울할 때도 있다. "○○가 이렇게 생각하는군요. 영근 샘은 사실 ……." 하며 말하는데, 이런 때는 많지 않다. 학생이 글똥누기에 쓸 정도라면 영근 샘 잘못일 때가 더 많다.

학생들이 글로 다툰 이야기, 속상한 이야기를 쓴다. 이것은 솔직하게 글을 쓸 수 있는 분위기라는 전제가 있다. 말할 수 있으니 글로 쓸 수 있다. 학급 분위기가 경직되지 않고 자유로우며, 이 글을 읽는 선생님이 권위적이지 않고 허용하는 편이라는 증거이기도 하다. 이런 학급 분위기를 더 지켜 가고자 한다면 솔직하게 쓴 글로 나무랄 일이 아니다. 도리어 이렇게 마음을 드러내 글을 써 주어 고맙다. 학생 처지에서 속상함이나 갈등 상황을 글로 쓰며 마음을 풀어내야 하지 않을까. 글로 드러내면서 문제를 풀어야 하지 않을까.

(12/5) 나는 오늘 민우 뒤를 쫓아왔는데 신호등에서 오른쪽 왼쪽으로 도는데 피해서 학교 실내화 갈아 신는데 민우한테 안 들키고 학교까지 와서 좋았다. 💩

(5/25) 오늘 학교 오면서 주호, 호연이랑 같이 왔는데 주호가 계단에서 귤이라고 해서 기분이 안 좋았다. 💩

마. 함부로 공개하지 않는다

"○○가 쓴 글똥누기 읽어 줄게요."
"선생님, 안 읽으면 안 돼요?"
"왜?"
"그냥요."
　전라도 사투리에 '거시기'라는 말이 있다. 이 말은 어디에서건 툭 튀어
나온다. 우리 학생들이 '거시기'와 비슷하게 자주 하는 말이 '그냥'이다.
이 '그냥'이란 말에는 온갖 생각이 다 들어 있다. 한 학생 글똥누기를 읽
어 주려고 하는데 이 학생은 읽지 않았으면 한다. 왜 그러냐고 물으니 그
냥이라 한다. 그냥. 그럼 읽으면 안 되는 거다.

　　(7/19) 오늘 학교 오는데 삶은 달걀이 될 뻔했다.
　　빨리 물놀이하고 싶다. 💩

　글똥누기는 자기가 겪은 일이나 생각을 쓰는 글이다. 내가 겪은 일이
나 생각을 누구에게 말할 수 있다. 글똥누기도 온전히 자기 것이기에 보
여 줄지 말지는 글을 쓴 사람이 정할 문제다. 교사는 학생의 글똥누기를
함께 읽으며 더위를 주제로 이야기하고 싶다. 물놀이로 신나게 이야기 나
누며 우리도 물놀이할 계획이 있다고 말해 주고 싶다. 그런데 학생이 그
내용을 공개하기 싫어한다면 억지로 공개해서는 안 된다. 교사의 판단과
학생의 생각은 얼마든지 다를 수 있고, 이때는 학생 생각을 존중해야 한
다. 그래서 학생들이 겪은 일이나 생각을 고스란히 담아낸 글똥누기를 영
근 샘에게 보여 주는 게 고맙다. 내가 볼 수 있게 해 주는 것으로도 고마

운 일이다.

"○○야, 네가 오늘 쓴 글똥누기 읽어도 되니?"

"네."

"고마워요."

학생들이 쓴 글똥누기를 읽다 보면 '아, 이거 반 아이들 모두에게 읽어 주면 좋겠다.'는 생각이 드는 글이 있다. 읽고 싶은 글똥누기는 흔히 삶이 잘 드러나 있다. 또한 다른 학생들이 글똥누기를 쓸 때 눈을 좀 더 넓혀 줄 수 있다. 이때 이 글을 내 마음대로 읽어 주지 않는다. "다른 학생들에게 읽어 줘도 되나요?" 하고 묻고서 읽는다. 대체로 많은 학생들이 자기 글똥누기를 읽어 주면 좋아한다.

> (3/21) **비 이야기**
> 오늘 우산을 쓰고 등교했다. 갈 때 현서를 만났다. 현서가 "안녕! 지금 비 안 와, 우산 안 써도 돼!" 그래서 벗었더니…… 지붕에 고여 있던 비방울이 "뚝" 하고 떨어졌다. 재밌었다.

> (4/5) 오늘 아침 비가 왔다.
> 비가 투둑투둑 내 발걸음은 터덜터덜. 💩

"선생님, 글똥누기에 쓸 게 없어요." 하며 글똥누기를 힘들어하는 학생들이 있다. 글똥누기를 처음 시작할 때에는 이렇게 힘들어하는 학생이 많다가 갈수록 그 수가 줄어든다. 글똥누기를 힘들어하는 학생에게는 친구가 쓴 글똥누기가 참고가 된다. 위에 소개한 글똥누기를 읽어 주면서 비가 오는 날 학교에 오면서 어떤 일이 있었는지 이야기 나눌 수 있다. 친구가 한 말을 그대로 살려 쓰면 그때 모습이 더 잘 드러난다. 비가

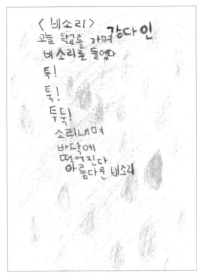

스스로 골라 시로 바꾼 글똥누기와 문집에 실은 글똥누기

떨어지는 소리, 내 몸이 움직이는 모습을 흉내 내는 말로 썼다. 어떤 부분이 좋은지 굳이 강조하지 않더라도, 자주 듣는 동안 절로 글 쓰는 힘이 커진다. 이렇게 또래 친구가 쓴 글을 읽어 주는 방법은 글쓰기 지도에서도 가장 좋은 공부법으로 삼는다. 꼭 글을 잘 쓰기 위해서가 아니더라도 이렇게 또래 친구가 쓴 글똥누기를 읽으며 삶도 가꾸고 글똥누기 쓰는 힘도 기를 수 있다.

글똥누기를 다른 사람에게 발표할 때가 있다. 참사랑땀 반에서는 글똥누기를 시로 바꿔 써 전시할 때가 있다. 이때 시로 바꿀 글똥누기를 고를 때 학생이 직접 고른다. 글 고르기를 어려워하면 영근 샘이 골라 준다. "이 글똥누기로 할까요?" 하며 학생 의견을 묻는다. 또 다른 발표는 문집에 글똥누기를 실을 때다. 달마다 몇 편을 가려 뽑아서 싣는데 이때 실을 글똥누기도 학생이 직접 고른다. 영근 샘이 글똥누기를 읽다가 문집에 실었으면 하는 글똥누기에 표시를 해 두기도 한다. 학생들이 문집에 실을 글똥누기를 고를 때 영근 샘이 표시한 걸 참고하지만 그것을 실을지 말지는 학생이 판단한다.

바. 기다린다

"글똥누기 보여 주세요."
"몇 분 안 남았네요. 안 보여 준 사람들은 보여 주세요."
"○○랑 △△, 글똥누기 보여 주세요."

참사랑땀 반은 글똥누기 쓰고 스스로 보여 주기를 실천한다.

아침마다 글똥누기를 본다. 학생들에게 "글똥누기 보여 주세요."라고 한다. 말하지 않아도 가져오는 학생도 더러 있다.

"자, 몇 분 남았어요. 안 보여 준 사람 보여 주세요." 하며 자꾸 보채는 내 모습을 자주 마주한다. 아침 활동 시간 동안에 모두의 글똥누기를 봐야 한다는 생각에 말하고 또 말한다. 특히, 제 스스로 잘 챙기지 못하는 학생들 몇몇이 꼭 있다. 이 학생들을 챙겨야 한다는 생각에 이렇게 말할 수밖에 없다. 이렇게 말하는데도 아침 시간까지 보여 주지 못하는 학생들이 있다. 어느 날은 이렇게 영근 샘이 보여 달라고 하면 학생이 보여 주는 틀을 깨야겠다는 생각이 들었다.

"우리 아침에 오면 무엇을 해야 하죠?"

"글똥누기요."

"글똥누기를 쓰면 어떻게 해야 해요?"

"영근 샘께 보여 드려요."

"네, 고마워요. 영근 샘은 아침마다 몇 번씩 글똥누기 보여 달라고 말하잖아요. 그런데 그렇게 말하는 게 힘들고 불편해요. 어떻게 하면 좋을까요?"

여러 방법(이름을 표시하자, 짝이 말해 주자 따위)이 나왔지만 역시나 가장 많은 대답은 '스스로 보여 주자'이다. 이 밖에도 우리 반에서 날마다 하는 것도 함께 살피며, 이런 것들은 말하지 않아도 스스로 챙기자고 했다. 참고로, 우리 반에서 날마다 하는 것으로는 글똥누기 쓰고 보여 주기, 일기장 내기, 우유 마시고 정리하기, 교실에서 급식 먹고 치우기, 모둠 활동하기, 알림장 쓰기, 자기 자리 청소하기 따위이다.

다음 날이다. "글똥누기 보여 주세요."라고 말하지 않고 기다린다. 말하지 않아도 학생들은 글똥누기를 보여 준다. 조금 느린 학생이 있어, '보여 주세요.'라는 말이 입에서 간질간질거리지만 참고 기다린다. 이번에도 넷이 안 냈다. 어제 내라고 몇 번씩 말할 때와 같은 수다. 그리고 어제 아침에 안 냈던 학생과 겹친다. 어제처럼 여러 번 말할 필요가 없었다. 스스로 할 수 있는 학생들이니 조금 더 기다렸더라면 하는 생각이 든다.

안 보여 준 학생에게 나중에 보여 달라는 말을 수업 들어가며 한 번 했다. 쉬는 시간에 가져오라고. 쉬는 시간에 이 학생들 모두가 보여 줬다. 그다음 날도 말하지 않고 기다렸다. 셋이 안 냈다. 마찬가지로 셋은 쉬는 시간에 보여 준다. 그다음 날에는 모두가 제시간에 보여 줘서 놀랐다.

이렇게 제때 다 보여 주는 날이 계속 이어지지는 않는다. 모두가 다 보여 주고 이틀이 지난 아침에도 글똥누기를 보여 달라고 말하지 않았다. 다섯이 안 보여 줬다. 쉬는 시간에 한 명 빼고는 모두 스스로 보여 줬다. 잔소리처럼 보여 달라고 말할 때와 다르고 도리어 더 낫기까지 하다.

"글똥누기 쓰세요." "글똥누기 보여 주세요." 하는 말을 요새도 자주 한다. 조급함을 경계하는 마음이 조금만 흐트러지면 바로 이렇게 말한다. 하라고 한 말이 도리어 학생들이 스스로 할 힘을 빼앗을 수 있다는 것을 알면서도 그런다. 서두르고 재촉하기보다 기다리며 천천히 가야 할 길이다. 학생들마다 속도가 다른 것은 공부뿐만 아니라 글똥누기를 할 때도 똑같다.

조급함을 버리고 조금 더 긴 숨을 고르며 기다려야 한다. 그리고 학생들이 스스로 글똥누기를 가져올 때, 살펴보는 것에 조금 더 정성을 쏟자. 선생님이 보는 정성에 학생들이 더 빨리 보여 주고 싶은 마음이 들도록.

7. 바깥 글똥누기

참사랑땀 반에서는 나들이를 많이 한다. 나들이를 할 때는 교육활동으로 필요한 때와 자연이 우리더러 만나러 오라고 손짓할 때이다. 특히 자연이 우리에게 나오라고 신호를 보내면 학생들이 무척 좋아한다. 햇살이 좋은 봄, 빗소리가 고운 여름, 나뭇잎이 고운 가을, 눈이 내리는 겨울이 우리를 꼬드긴다.

"우리 나가서 ○○ 할게요." 하는 말에 학생들은 신이 난다. 이때 바깥에서 겪은 일을 고스란히 글로 담는다. 이때 학생들에게 "우리 ○○ 하고서 글똥누기 쓸게요." 하고 말한다.

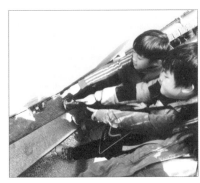 

간단하고 짧게 마치는 바깥 활동에서 작은 수첩으로 글똥누기를 한다.

바깥에서 글똥누기를 쓰면 조금 귀찮을 수 있지만, 바깥에 나가는 게 그저 신나니 학생들도 군말이 없다. 놀러 간다고 생각하고 나가면, 놀았던 이야기를 글로 담을 뿐이다.

가. 준비물

글똥누기를 쓰러 갈 때는 나가기 전에 계획을 세워야 한다. 글똥누기 쓸 준비물을 챙길 것인지, 다녀와서 챙길 것인지를 하는 활동에 따라 정한다. 한곳에서 쓸 것인지, 학생들이 자유롭게 다니며 쓸 것인지도 정한다. 어디에 어떻게 쓸 것인지도 정한다.

교실에서 글똥누기 할 때는 보통 작은 수첩에 쓴다. 바깥에서 쓰는 글똥누기도 작은 수첩으로 할 때가 있는데, 짧게 나갔다 올 때다. 이를테면 수업 중에 봄꽃을 배우다가 학교에 어떤 봄꽃이 폈는지 살피러 나가면, 봄꽃 이름만 글똥누기에 적는다. 이렇게 간단하고 짧게 마치는 활동을 할 때는 작은 수첩을 쓴다.

참사랑땀 반에서 바깥에서 글똥누기를 쓸 때는 에이포(A4) 종이에 주로 쓴다. 에이포 종이는 글줄 표시가 없다. 바깥 글똥누기는 글과 함께 그림을 담을 때가 많아서 에이포 종이에 표현하기가 좋다. 종이에 쓰는 글똥누기이기 때문에 종이를 받치는 판이 필요하다.

합판으로 된 판을 학급운영비로 구입해 바깥에서 글이나 그림 그릴 때 쓰고 있다. 바깥에서 자연을 함께 살피고, 글똥누기를 쓸 때 영근 샘이 한꺼번에 가지고 있다가 판을 나누어 준다. 판을 담는 통도 있어서 다 쓴 학생들 판도 그대로 담을 수 있다. 영근 샘은 바깥 활동을 할 때 교실에서 공동으로 쓰는 연필을 따로 챙겨서 나간다. 학생들이 연필이 필요하다고 할 때(잃어버렸거나 연필심이 부러졌을 때) 주기 위해서이다. 교실 연필은 교실에서도 학생들이 필요할 때 언제든지 쓸 수 있는 연필이다. 이 연필은 따로 사 둔 게 아니다. 학생들이 쓰다가 잃어버린 연필을 교실 여기저기에서 발견하면, 이 연필을 잘 깎아서 따로 모아 둔다.

바깥에서 글똥누기를 쓸 때마다 판을 가지고 다니지는 않는다. 조금 멀리 나갈 때나 비가 올 때는 판을 가지고 나가지 않고 자연을 온몸으로 가득 겪는다. 판을 가지고 나가지 않는다고 글똥누기를 쓰지 않는 것은 아니다. 교실에 돌아와서 바로 쓴다. 학생들이 겪은 일을 잊기 전에 종이를 나눠 주고 글똥누기를 쓰게 한다. 들어와서 바로 쓰기 때문에 학생들은 밖에서 본 것을 잊지 않는다.

바깥으로 나가기에 앞서, "오늘은 밖에서 겪은 뒤 교실에 들어와서 글똥누기를 쓸 거예요." 하고 말해 두면 더 좋다. 이렇게 여러 번 나가다 보면 바깥 활동을 곧 '글똥누기 쓰기'로 생각하는 학생들이 많아진다.

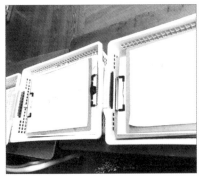

바깥 글똥누기를 할 때는 주로 A4용지와 종이를 받치는 판을 쓴다.

나. 활동하기

비가 내려서 비를 느끼는 활동을 하기로 했다. 아이들과 뒷문으로 나가 풀에 떨어진 물방울을 살핀다. 처음 경험하는 낯선 활동이라 당황해하는 아이들도 있다. 다시 걷다가 잠깐 멈춰 풀에 떨어진 물방울을 만진다. 이제 조금 더 풀숲으로 다가간다. 건물을 돌아서 건물 앞쪽으로 걸어나간다. 멈춰 서서 눈을 감고 우산에 떨어지는 빗소리를 듣는다. 학생들이 집중하는 힘이 느껴진다. 다시 걷는다.

이제는 팔뚝을 우산 밖으로 내어 비를 맞아 보자고 한다.

"아이, 싫어요."

"네, 안 해도 괜찮아요. 그런데 해 보려는 용기를 내면 더 좋겠어요."

다들 우산 밖으로 손을 내밀어 비를 조금 맞아 봤다. 다시 건물 뒤로 돌아가 멈춘다.

"우산을 젖혀서 얼굴에 잠깐 맞아 보세요."

"네?" 하는 학생, "와!" 하며 우산을 바로 젖히는 학생, 저마다 다른 모습이다. 그런데도 모두가 고개를 젖혀 하늘에서 떨어지는 비를 본다.

뒷문 앞에 다시 섰다.

"자, 다시 눈을 감아 볼까요? 이제껏 겪은 것들 가운데서 글로 쓸거리를 하나 정하세요."

눈을 감고 생각하는 모습이 좋다. 교실에 들어와 글을 쓴다.

"선생님, 시로 쓰나요?"

"아뇨, 그냥 글똥누기로 쓰세요."

시로 쓰라고 하면 학생들은 꾸며서 쓸 때가 많다. 하지만 글똥누기로 쓰라고 하면 겪은 것을 고스란히 담는다.

바깥 활동을 한 뒤 쓴 글똥누기

"글똥누기로 쓰면 모두 시가 된답니다. 글똥누기로 쓰세요."

"그림 그려도 되나요?"

"그럼 더 좋겠네요. 다 쓴 사람은 그림도 그려 보세요."

"선생님, 색칠해도 되나요?"

"그럼요. 색칠하면 더 좋겠네요."

"오늘은 밖에서 주말에 있었던 이야기도 나누고 가을도 느껴 봐요. 글똥누기 종이를 챙겨 주세요."

학생들과 함께 교실을 나와 학교 옆 공원으로 갔다. 하늘이 정말 곱다. 다 같이 둘러앉아 지난 주말에 무엇을 했는지 이야기 나눈다.

"자, 이제 둘레를 다니며 가을을 느껴 보세요. 그리고 그 가을을 글똥누기에 써 오세요."

"네." 하고 학생들이 흩어진다.

교실에 들어와 학생들이 쓴 글똥누기를 하나씩 본다.

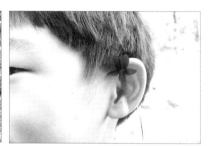

아이들은 바깥 글똥누기를 하며 온몸으로 자연을 느낀다.

가을 하늘을 보니 구름 없이 푸르다. 시원한 바람이 솔솔 불고, 햇살도 따뜻하다. 💩

가을 하늘이 구름 하나 없이 파랗다. 뻥 뚫린 하늘을 보니 내 마음도 뻥 뚫린 것 같다. 💩

가을 하늘을 봤다. 맑았다. 푸르렀다. 💩

구름 한 점 없이 파랗고 예쁘다. 바람도 선선하고 시원하고 잠자리도 날아다니고 너무 좋은 날씨다. 💩

가을 하늘을 보았는데 정말 맑았다. 그래서 나도 상쾌하다. 💩

가을 하늘을 보면 정말 내 마음도 넓어지고 마음도 맑아졌다. 💩

가을 하늘을 보니 정말 넓고 맑다. 내 마음도 넓고 맑아졌으면 좋겠다. 💩

가을 하늘이 참 푸르다. 구름 한 점 없고, 시원하고, 가을 냄새가 풀풀 난다. 이번 가을은 하늘이 푸른 날이 많을 것 같다. 💩

가을 하늘도 여름 하늘 못지않게 예뻤고 구름 한 점 없는 날씨였다. 그늘도 의외로 많았고 꽉 막혀 있던 내 가슴이 뻥 하고 뚫리는 것 같았다. 💩

가을 하늘은 구름 한 점 없고 하늘에 파란색 물감을 칠한 것 같다. 풀 냄새가 나고 맴맴 매미 소리도 난다. 정말 가을이 온 것 같다. 💩

하늘에 구름 한 점 없다. 역시 가을 하늘은 예쁘다. 💩

가을 하늘은 참 파랗다. 가을 하늘을 보다 보면 노래를 듣고 싶다. 이번 주말에는 재궁공원으로 나들이를 가서 놀아야겠다. 💩

가을 하늘을 보니 하늘이 깨끗하다. 햇빛 때문에 덥고 바람이 시원하다. 💩

바람은 살랑살랑 햇볕은 따뜻하고 하늘은 푸르니 자기 딱 좋다. 💩

가을은 시원하다. 적당한 날씨에 가을은 멋있는 계절이다. 💩

가을 하늘은 너무 푸르다. 그리고 구름도 없고 달도 보인다. 설렁설렁 부는 바람이 시원하다. 💩

가을 하늘은 참 파랗고 따뜻했다. 살랑살랑 부는 바람이 시원하다. 💩

가을인데 여름처럼 매미가 울고 하늘은 푸르다. 하지만 가을처럼 바람은 시원하다. 💩

가을 하늘이란 대박이다. 구름 한 점 없고 햇빛도 덥지 않고 이제 뜨끈뜨끈한 게 완전 여신 하늘이다. 아파트와 잔디, 사람, 나무가 어우러져 있는 풍경이 좋다. 💩

하늘이 참 맑다. 구름 한 점 없다. 푸르고 햇빛이 강하게 비춘다. 초승달이 어렴풋이 자리 잡고 있다. 사방이 푸르르해서 왠지 답답하다. 💩

참 푸르다. 구름 하나 없지만 정말 멋있다. 이제 나뭇잎도 색이 변하려고 한다. 빨간색, 노랑색 알록달록 정말 예쁘다. 💩

가을 하늘이 푸르다. 정말 시원하다. 그래도 더위는 여름인 것 같다. 그리고 학교 오면서 봤는데 단풍나무가 색이 변하기 시작했다. 그리고 점점 날씨가 시원해지기 시작했다. 가을은 아름답다. 💩

가을 하늘을 보니 구름은 없고 하늘이 높다. 그리고 달도 보인다. 달도 보이고 매미도 울고 좋았다. 근데 달이 왜 떴는지 궁금하다. 💩

가을 하늘을 봤는데 여름 하늘 같다. 💩

가을 하늘은 시원한 느낌이다. 가을은 나무가 예쁘다. 가을은 조금 춥지만 따듯하기도 한다. 가을 풍경이 참 아름답다. 💩

여름이 지나가고 가을이 오니 햇볕도 쨍쨍하고 선선한 바람도 분다. 잠자리도 날아다니고 여러 새들도 날아다닌다. 단풍도 물들어 있고 하늘도 맑다. 가을 느낌이 물씬 난다. 💩

지금 가을이지만 아직도 너무 덥고 힘들다. 빨리 시원해졌으면 좋겠다. 💩

하늘이 푸르다. 하늘색과 눈부신 태양, 초록색 잔디는 가을을 의미한다. 💩

가을 하늘을 보니 푸르다. 그런데 덥다. 매미 소리도 안 들리고 잠자리도 안 보인다. 그리고 바람이 불면 시원하다. 그리고 나무가 흔들린다. 참 아름답다. 💩

시가 아닌 글똥누기라고 쓰자고 하는 까닭

밖에서 글똥누기를 쓸 때, "시로 써도 되나요?" 하는 말에 "아뇨. 글똥누기로 써 주세요." 하고 말한다. 그렇게 하는 데에는 세 가지 까닭이 있다.

첫째, 학생들이 시로 쓴다는 것은 관념으로 쓰겠다는 말이기도 하다. 밖에서 쓰는 글똥누기는 내 감각으로 하나하나 살펴서 쓰는 것인데 시로 쓴다는 것은 머릿속에 잡혀 있는 생각으로 쓰겠다는 것과 다름없다. 그래서 글을 쓸 때 시작점부터 다르다.

둘째, 시로 쓴다고 하는 건 예쁘게 쓰겠다는 말이기도 하다. 시로 운율을 살리려고 글자 수 맞추는 것같이 곱게 쓰겠다는 것인데 글똥누기는 예쁘게 쓰는 게 아니라 자연에 온 마음을 쏟아 내 쓰는 글이다.

셋째, 빨리 쓰겠다는 말이기도 하다. 제대로 안 살피고 시 꼴만 갖춰 후딱 써 버릴 수 있다.

다. 바깥에서 글 쓸 때 조심할 점

교실을 벗어난 활동은 안전하지 않을 때가 많아서 늘 조심스럽다. 학생들은 교실을 나가자는 말에, "와!" 하고 탄성을 지른다. 마음은 들뜨고 몸은 바빠진다. 그러니 안전한 활동을 위해 준비할 것들이 있다.

참사랑땀 반에서는 바깥으로 나가기 앞서 잔소리(안전한 생활 약속)를 꼭 한다. '천천히 한다 – 천천히 움직이고 보고 쓴다.', '차례를 지킨다.', '함께 하는 곳 안에서 한다 – 영근 샘 눈 안에 있어야 한다.' 같은 약속을 나갈 때마다 한다.

하나 더, 우리 반은 모둠 조끼가 있다. 학교를 벗어날 때는 모둠 조끼를 꼭 입고 안전 담당 모둠을 맨 뒤에 세운다. 안전을 위해서는 지나쳐도 모자람이 없다고 생각한다.

바깥 글똥누기를 할 때 세 가지를 조심했으면 한다.

첫째, 글만 잘 쓰기 위해 나가는 게 아니다.

앞서 말했듯, 교실에서 아침에 쓰는 글똥누기는 글을 잘 쓰게 하려는 게 아니다. 학생들 마음속에 품은 말과 생각을 글로 알아채려고 하는 것이다. 바깥에서 쓰는 글똥누기도 뜻은 크게 다르지 않다. 그럼 바깥에서 왜 글을 쓰는가? 바깥에서 쓰는 글똥누기는 제대로 보고 제대로 느끼기 위해서다. 풀잎에 맺힌 물방울, 손톱보다 작은 별꽃 꽃잎, 햇살 머금은 가을 단풍잎들을 눈과 마음에 제대로 담기 위해서이다. 아침에 쓰는 글똥누기는 온전히 학생이 말하고 싶은 것에 정신을 쏟아 써 낸다면, 바깥에서 쓰는 글똥누기는 학생이 온 정신을 쏟아 보고 느낀 것을 써 낸 것이다.

학생들은 선생님과 함께 학교 밖으로 나간다. 걷다가 눈길을 끌거나

모둠 조끼를 입고 바깥 활동을 하는 아이들

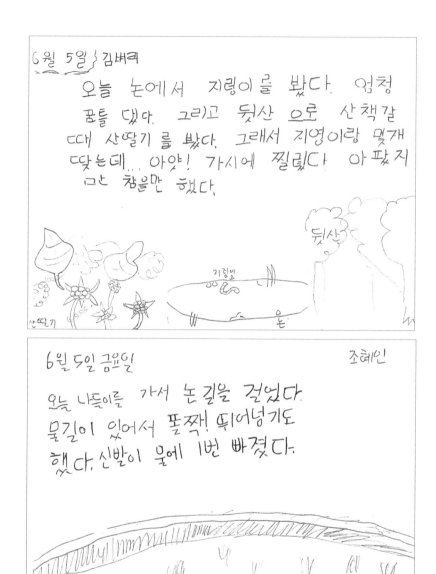

6월 5일 | 김써리

오늘 논에서 지렁이를 봤다. 엄청 꿈틀댔다. 그리고 뒷산 <u>으로</u> 산책갈 ㄸㅐ 산딸기를 봤다. 그래서 지영이랑 몇개 ㄸㅏ는데... 아얏! 가시에 찔렸다. 아팠지 ㄱ ㅏ 참을만 했다.

뒷산

지렁이

논

산딸기

6월 5일 금요일   조혜인

오늘 나들이를 가서 논 길을 걸었다. 물길이 있어서 폴짝! 뛰어넘기도 했다. 신발이 물에 1번 빠졌다.

바깥 글똥누기는 자연을 눈과 마음에 제대로 담으려고 한다.

마음을 빼앗는 대상을 찾는다. 마음을 다해 그 대상을 살핀다. 마음을 다한다는 건 뭘까? 마음 가득 그 대상을 그대로 받아들이는 것이다. 생김새, 빛깔을 하나하나 살피다가 가끔은 손가락으로 조심스럽게 만져 보기도 한다. 고개를 아래위로 움직이며 살피다가 '아!' 하는 순간을 놓치지 않고 마음을 와락 쏟아 낸다. 그대로 글똥누기에 담아서 쓴다.

한곳에 머물지 않고 여기저기 다니기도 한다. 이때 가장 마음에 와 닿는 순간을 눈과 살결, 마음에 잘 담아 둔다. 교실에 들어와서는 놓치지 않고 와락 쏟아낸다.

바깥에서 움직일 때 '천천히 하자.'는 말을 자주 한다. 천천히 움직이고 천천히 봐야 한다. "글(글똥누기)을 쓸 때도 천천히 써 주세요.", "다른 사람이 읽을 수 있게 정성껏 써 주세요." 이런 말을 덧붙인다. 학생들은 바깥에서 바른 자세로 글을 쓰기 어려워서 글씨가 흔들리기 십상이다. 이를 모르는 바는 아니지만, 조금 더 천천히 쓰자고 한다. 정성껏 써야지 다른 사람이 읽을 수 있다고 한다. 천천히 쓰면 천천히 보는 데도 도움이 된다. 쓰고 보고 또 쓰는 과정을 되풀이하면서 대상을 더 면밀하게 관찰할 수 있다.

둘째, 혼자서 하고 다른 사람에게 피해를 주지 않는다.

글똥누기는 혼자 살피고 쓰는 글이다. 글이 가진 특징이기도 하다. 글은 자기가 겪은 것이나 본 것, 생각한 것을 쓴다. 보는 대상이 글 쓴 자기 자신일 수도 있고 여러 사람일 수도 있지만, 쓸 때는 혼자 쓴다.

바깥에서 쓰는 글똥누기도 마찬가지로 혼자 쓰는 글이다. 그러니 글을 쓸 때는 다른 사람과 떨어져 혼자 쓰길 바란다. 함께 다니며 살피다가도 글을 쓸 때는 혼자 써야 한다. 그래서 바깥 글똥누기를 쓸 때는 영근 샘 설명을 듣고 나서 살피는 것부터 혼자 한다.

자연을 느끼며 바깥에서 글똥누기를 하는 아이들

글똥누기도 크게 볼 때는 교육 현장에서 일어나는 한 장면이라 할 수 있다. 교육이 쉽지 않은 까닭은 정답이 없기 때문이다. 뭐든 이건 이거야, 하면서 고집할 수 없다. 혼자 글을 쓰는 것도 마찬가지다. 모두가 꼭 그래야 한다고 말할 수 없다.

혼자서 살피며 글똥누기를 할 수 없는 학생이 있다. 글자를 잘 모르는 학생도 있지만, 글을 쓸 때마다 무엇을 써야 할지 어려워하는 학생은 친구가 이야기해 주기도 하고, 친구가 쓰는 글을 보고 참고할 수 있다. 이런 학생에게는 도움을 줄 수 있는 친구로 '배움짝'을 해 주기도 한다. 가끔은 "오늘은 친한 친구와 같이 살피고 글 쓸 때만 혼자 하면 좋겠어요." 하곤 한다. 학생들은 친구와 무얼 하든 같이하면 즐거워한다. 적절한 균형이 중요하다.

"선생님, 다 했어요."

무슨 활동을 하건 이렇게 말하는 학생은 늘 있다. 무엇을 하든지 학생들마다 그 힘이 같지 않다. 교실에서 하는 활동이라면 조금 더 수준이 높은 단계를 하게 하거나, 잘 모르는 친구를 돕는 배움짝을 하게 할 수 있다. 바깥에서 글똥누기를 할 때는 어떻게 할까?

많은 학생들은 "선생님, 놀아도 돼요?" 하고 묻는다. "네." 하고 쉽게 말했다가는 정성껏 하던 학생들이 친구가 노는 모습을 보고 집중이 흐트러질 수 있다. 참사랑땀 반에서는 집중해서 하는 시간을 알려 준다.

"자, 이제 글똥누기를 쓰는데 영근 샘이 가져오세요, 할 때까지는 써 주세요. 다 쓴 사람은 쓴 글을 다시 읽어 보면서 다듬으면 좋겠어요. 글에 그림을 보태도 좋아요. 여러분이 쓴 작품은 영근 샘이 부를 때 모을게요. 아, 영근 샘이 다 한 사람 가져오라고 하는데도 다 쓰지 못했다면 계속하세요. 교실에 들어가자고 할 때까지 하세요. 그때까지

다 안 되었으면 교실에서 마무리해도 좋아요. 다 한 사람이 무엇을 할지는 나중에 알려 줄게요."

이때 "가져오세요." 하고 말할 때는 마치는 시간이 얼마 안 남았을 때다.

셋째. 자주 하는 게 좋다.

바깥에서 글똥누기를 쓸 때는 신경 쓸 게 이렇게 많다. 이때 '이렇게 하세요.'라는 말은 앞에서 말한 것처럼 큰 틀일 수밖에 없다. '글을 안 쓰는 학생은 어떻게 할 것인가?', '같은 학년에서 우리 반이 나가는 것을 싫어하면 어떻게 할 것인가?', '나가는 게 싫다는 학생이 있으면 어떻게 할까?' 이밖에도 수없이 많은 경우가 있다.

이런 경우를 하나하나 다 따져 이야기할 수 없다. 학교, 학급마다 환경이 다르기 때문이다. 앞서 이야기한 차례대로 해도 학생들이 어려워할 수 있다. 이렇게 많은 문제들을 풀려면 자주 하는 수밖에 없다. 우리 반만의 글똥누기, 바깥 글똥누기를 만들어 가는 것이 좋다. 학생들도 자주 하면 뭐든 자연스럽게 받아들일 수 있다. 한편 학생 처지에서는 교실보다는 바깥에서 하는 게 좋으니 더 쉽게 바깥 글똥누기 활동을 받아들일 것이다.

교육은 '버릇 들이기'일 때가 많다. 계기 교육이랍시고 하루 시간 내어서 안전 교육을 야무지게 했다. 그렇게 하면 학생들에게 안전한 생활은 얼마나 오래갈까? 물론 한 번으로도 효과가 있을 때가 있지만, 이것이 힘을 가지려면 자주 해서 학생들이 자연스럽게 받아들이도록 버릇이 들게 해야 한다. 바깥에서 하는 글똥누기도 그렇다. 처음 바깥으로 나갈 때부터 학생들이 천천히 살피며, 마음을 모아서 대상을 살필 수 있을까? 그렇지 않은 학생들이 더 많다. 그렇기 때문에 처음 할 때는 욕심을 많이

바깥 글똥누기 활동은 봄, 여름, 가을, 겨울 내내 한다.

내지 않는 게 좋다. 조금씩 천천히 커 간다. 자주 할수록 감각이 열리고 묵직한 무엇이 마음에 조금씩 들어오는 것이다.

자주 하면 좋은 점으로 '상상'을 들고 싶다. 학생들은 늘 하던 것에 익숙해지면 새로운 것을 보태고 싶어 한다. "○○ 해도 돼요?" 하고 묻는 까닭이기도 하다. 학생들 가운데에는 처음 나갈 때부터 "마음껏 해도 돼요?" 하며 묻는 학생이 있다. 그렇게 하라고 할 때도 있지만, 이번에는 하는 대로 같이해 달라고 부탁할 때가 있다. 영근 샘은 처음에는 다 같이 하는 것을 부탁한다. 기본이 된 가운데 뻗어 나오는 생각이 훨씬 더 깊다는 생각이 있기 때문이다. 선생님마다 지도 방법이 당연히 다를 수 있다.

"그럼 그려도 돼요?"

"이거 하고 다른 것 그려도 돼요?"

"색칠해도 돼요?"

학생들의 상상은 끝이 없다.

✏️ 글똥 생각 나누기

영근 샘도 바깥 글똥누기를 같이 한다?

영근 샘도 교실에서 글똥누기를 같이 쓴다. 바깥 글똥누기도 학생들과 같이 할까? 꼭 그렇지는 않다. 바깥에서는 신경 쓸 게 많아 학생들 곁에 있다. 이리저리 다니며 학생 모습을 지켜본다. 학생들이 잘하지 못할 때는 한번 해 보자고 힘을 불어넣는다. 학생이 어떻게 해야 할지 모르고 어려워할 때 글 실마리를 함께 풀어 본다.

같이 쓸 때도 있다. 바깥에 나왔는데 학생들이 온전히 푹 빠졌을 때. 영근 샘도 옆에 앉는다. 학생들이 다가와 영근 샘 글똥누기를 보고 "우와!" 하며 놀라는 반응에 어깨를 한 번 으쓱거린다. 이럴 때가 좋다.

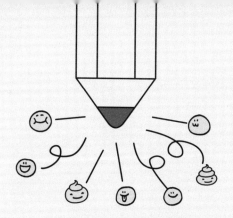

넷째 마당

글똥누기에는
어떤 내용을 담는가?

1. 겪은 일 쓰기

　학생들이 학교에 갈 때까지는 그리 긴 시간이 걸리지 않는다. 아침에 일어나서 씻고 밥 먹고 학교로 나선다. 학교 오는 데도 걸리는 시간이 길지 않다. 어쩌면 집에서나 학교 오는 길에 특별한 일이 일어나기 힘들 만큼 짧은 시간이다. 그런데 우리 학생들은 그 짧은 시간에도 온갖 일을 겪는다. 《지각대장 존》(존 버닝햄 글, 그림, 비룡소)에서 주인공 존이 학교 오는 길에 사자도 만나고, 악어도 만나고, 심지어 커다란 파도도 만나는 것처럼 말이다.

　전혀 생각하지 못한 이런저런 일을 겪는 게 학교 오는 길이다. 우리 학생들도 그렇다. 우리 학생들은 학교 오는 길에 여러 일을 겪는다. 우리 몸에 있는 다섯 감각(눈, 귀, 코, 입, 살갗)으로 다 겪는다. 이렇게 겪은 일을 글똥누기에 고스란히 담는다. 학생들이 쓴 글똥누기에서 집에서나 학교 오는 길에 겪은 일을 읽는 즐거움이 크다.

　지금부터는 학생들이 학교를 오가며 어떤 일들을 겪고 그걸 어떻게 글똥누기에 담았는지 다섯 가지 감각으로 나누어 살펴보겠다.

가. 눈(본 것)

⑹/14) 나는 오늘 아침에 수빈이랑 강아지 똥을 봤다. 근데 똥이 눌렸다. 좀 지독했다. 💩

⑹/15) 어저께 말했듯이 똥이 눌렸다고 했는데 더 눌려 있었다. 신발 자국이 내 신발이랑 똑같은 것 같다. 💩

이틀 동안 학생이 학교 오는 길에 강아지 똥을 봤다. 친구 수빈이랑 같이 봤다. 모양을 살피니 똥이 눌려 있다. 본 대로 글똥누기에 썼다. 다음날 보니 똥이 그대로 있다. 눌렸던 똥이 하루 사이에 더 눌려 있다. 유심히 살피니 똥에 난 신발 자국이 내 신발이랑 똑같은 것 같다. 이렇게 이틀 동안 학교 오는 길에 강아지 똥에 눈길을 빼앗겼다.

(10/13) 오늘 학교 오면서 구름의 모양을 봤다. 쭉 펼쳐진 카펫 모양이었다. 오늘의 날씨는 시원했다. 대신 잠바를 입어서 더웠다. 💩

학교 오는 길에 아침 햇살이 밝다. 햇살 따라 무심코 하늘을 본다. 하늘을 보니 구름이 많이 보인다. 그 모양에 눈길을 빼앗긴다. 하늘 가득 쭉 펼쳐진 카펫 모양이다. 구름을 살피려고 잠깐 서 있으니까 바람까지 살랑살랑 분다. 바람이 시원하다. 잠바를 입고 있어 더웠는데 바람이 불어 시원하게 되었다. 그 하늘에 구름과 바람이 마음에 가득 남아 글똥누기에 담았다.

이 글을 읽고 나서 영근 샘도 하늘을 한번 보았다. 학생들에게 운동장에 나가자고 하고는 가을 하늘 아래에서 신나게 놀았다. 구름과 하늘 그리고 바람이 준 신나는 시간이었다.

> (10/6) 나는 오늘 학교에 올 때 나란히 있는 차들이 번호가 똑같았다. 신기해서 내가 차들을 조금 보다가 갔다. 번호가 5688이었다. 💩
>
> (6/25) 오늘 아침에 재영이와 학교를 같이 왔는데 차가 엄청 많이 막혔다. 어떤 아저씨와 아줌마가 싸우고 있었다. 💩

학교 오는 길에 여러 사람들 모습을 볼 수 있다. 도시에 사는 학생들 눈에는 자연보다 더 많이 보이는 게 차다. 차를 보다가 신기하다. 차 두 대 번호가 같아서 놀라는 아이 모습이 눈에 선하다.

학생들 눈에는 어른들이 다투는 모습도 보인다. 차가 막히니 짜증이 난 아저씨와 아줌마가 서로 탓한다. 글똥누기에 나타나지 않았지만 서로 욕을 주고받았을지도 모른다. 학생들 보기에 부끄러운 모습이다.

> (9/5) 오늘 아침햇살 때 선생님이 모기 잡는데 이상하게 잡았다. 어떻게 잡냐면 일단 손으로 잡고 무릎에 탁 치는 거다. 너무 웃겼다. 💩

학교 공부를 시작하기 전에 '아침햇살'을 한다. 아침햇살은 학생들과 학교 바로 옆에 있는 산을 돌고 나무 아래에서 아침 도시락을 꺼내 먹는 활동이다. 이날 아침햇살을 하는데 모기가 보여 손을 획 휘둘렀다. 학생은 그런 영근 샘 모습이 궁금해서 '왜 그럴까?' 하며 자세히 살펴봤나 보다. 모기 잡는 선생님 모습이 재미있어 글똥누기에 쓴다.

나는 오늘 학교에 오다가 소나무잎을 만져 봤는데 모기 물린 것처럼 간지러웠다. 모양은 네모나고 위에는 세모 모양이고 색깔은 초록색이랑 연노랑이었다. 그리고 연노랑이 있는 소나무잎은 예뻤다. 💩

학교에 들어오면 길옆에 나무와 꽃이 있다. 나무로는 소나무가 많다. 심심해 손을 내밀어 소나무잎을 만져 본다. 끝이 뾰족한 소나무잎이 따끔하고 간지럽다. 모기에 물린 것 같다. 소나무에 마음을 뺏겨 잠깐 멈춰 서서 살핀다. 소나무잎 모양과 빛깔을 살핀다. 늘 지나가던 소나무였는데 오늘은 조금 다르다. 소나무잎이 예쁘게 보인다.

나. 귀(들은 것)

(11/3) 논을 가로질러 왔다.
벼를 벤 자국을 밟았다. 소리가 좋았다. 💩

학교 오는 숲길 옆은 논이다. 가을걷이를 마친 논이 휑하다. 길을 벗어나 벼를 벤 논을 걸어 학교로 온다. 키가 낮은 벼 둥치가 말랐다. 그 벼 둥치를 신발로 밟아 본다. 바스락거리며 벼 둥치가 꺾인다. 그 소리가 낯설면서도 듣기 좋다.

(11/14) 오늘 학교 올 때 물이 고인 곳이 얼어 있었다. 내가 얼음을 던지니 쨍가당 소리 내며 얼음이 깨졌다. 신기했다. 💩

11월인데 날씨가 갑자기 추워졌다. 아직 겨울도 아닌데 말이다. 학교 오는 길에 물이 조금 고였는데 유심히 살피니 얼음으로 얼었다. 발로 살짝 밟으니 얼음이 깨졌다. 깨진 얼음은 아이에게 놀잇감이 된다. 얼음을 들어 길에 던져도 본다. 쨍가당 소리를 내며 얼음이 깨진다. 11월에 얼음이 언 것도, 얼음이 쨍가당 하며 깨지는 소리도 모두 신기하다.

(12/21) 오늘은 처음으로 '아침햇살'을 했다. 나뭇잎이 밟히는 소리와 바람소리가 들려서 상쾌하고 정말 좋았다. 💩

바람이 제법 부는 겨울에 아침햇살을 하러 처음 나갔다. 아침햇살로 마을 옆 나즈막한 산으로 된 공원을 한 바퀴 돌아본다. 얼마 전까지 곱게 물들었던 나뭇잎이 많이 떨어져 있다.

나뭇잎을 밟으니 바스락 소리가 난다. 나뭇잎 밟는 소리에 이어 바람소리도 함께 난다. 아침햇살이 즐거우니 밟는 나뭇잎 소리와 불어오는 바람 소리가 모두 좋다.

(5/24) 오늘 학교 도착했을 때 기타 소리가 들리기에 선생님이 치는 줄 알았더니 형종님과 주혁님이 치고 있었다. 💩

우리 교실은 4층에 있다. 학교 건물에 들어와 계단을 올라 우리 교실 쪽 모퉁이를 돈다. 이때 기타 소리가 들렸다고 한다. 기타 소리는 분명 우리 반에서 나는 소리다. 교실에 가까이 갈수록 기타 소리가 더 크다. 기타 소리만 들었을 때는 선생님이 치고 있을 거라 생각했는데, 교실로 들어서니 친구들이 치고 있어 놀랐단다.

다. 코(맡은 것)

> (5/24) 비가 오는데 날씨가 시원하고 비 냄새가 난다. 💩

여름에 들어서면 비 오는 날이 잦다. 비가 올 때면 비에 대한 이야기를 글똥누기로 쓴다. 보통 비 맞은 이야기나 빗소리에 대해 쓴 글똥누기가 많다. 그런데 비가 자주 내리고, 비에 조금 더 마음을 빼앗기다 보니 비 냄새까지 났나 보다. 학생이 글똥누기에 쓴 것처럼 무슨 냄새라고 딱히 말하기는 어렵지만 비가 오는 날이면 나는 냄새가 있다.

> (4/26) 오늘 학교를 가는데 콧물이 나온다. 마스크를 쓰고 있어서 숨을 들이마시면 마스크 면이 자꾸 코에 달라붙어서 힘들다. 💩

봄이 온 것 같은데도 감기 기운에 콧물이 난다. 콧물이 나니 마스크를 쓰고 가라 한다. 마스크를 하면 불편하다. 마스크를 쓰면 답답하기도 하지만 숨을 들이마시면 마스크 안쪽 면이 자꾸만 코에 달라붙는다. 학생은 감기가 빨리 나아서 마스크를 벗고 싶을 것이다.

라. 입(맛본 것)

> (4/24) 오늘 아침에 누룽지를 먹었다. 따뜻하고 부드러웠다. 좀 뭉친 것도 있었다. 나는 뭉친 누룽지가 맛있다. 💩

학생들은 날마다 아침이면 학교 갈 준비를 한다. 늘 있는 일상을 글똥누기에 쓰기도 하지만 가끔은 날마다 일어나는 일이 다르게 다가오기도 한다. 아침에 누룽지를 먹었다. 따뜻하고 부드러운데 뭉친 것이 있다. 뭉친 것은 그냥 넘어가지 않고 씹힌다. 뭉친 누룽지를 먹으니 누룽지 맛을 느낄 수 있다. 그 맛을 놓치지 않고 글똥누기에 담았다.

> (10/6) 나는 학교에 오면서 사탕을 먹었는데 맛이 외국에서 온 것같이 특이한 맛이고 맛이 너무 없어서 껍질에 사탕을 버렸다. 그래서 지금은 사탕이 없다. 💩

학교 오는 길은 멀지도 않은 거리지만 심심하기도 하다. 등굣길에 집에 있는 사탕을 하나 챙겨 먹으려고 했다. 껍질을 까고 사탕을 입에 넣고서 걷는다. 사탕이 맛없어 더는 못 먹겠다. 느껴 보지 못한 맛이다. 껍질에 영어가 써 있는데 외국 사탕인 것 같다. 학생은 차마 길에 버릴 수 없어 사탕 껍질에 사탕을 싼 다음 바지 호주머니나 가방에 넣었을 것이다.

마. 살갗(닿은 것)

> (12/30) 오늘 아침에 보니 밤새 비가 왔다. 땅이 질퍽거렸다. 진흙 밟는 느낌이 좋았다. 💩

학교에 가는 길에 땅이 물에 젖어 있다. 아스팔트는 비에 젖은 것 같지만 물이 스며들어 걸어도 아무 느낌이 없다. 학생이 걸었던 땅은 비에 젖어 질퍽거렸나 보다. 신발이 조금은 땅에 빠지는 것 같은 느낌이다. 신발 바닥으로 살짝 미끈거리는 느낌이 발바닥으로 전해 온다. 학생이 꽤 기분 좋게 등교를 하는 모습이 눈에 선하다.

> (10/21) 오는 길에 영근 쌤을 만났다. 손이 차가웠는데 영근 쌤 손이 따뜻해서 좋았다. 💩

○○가 앞에서 걷고 있었다. "○○야, 같이 가." 하며 옆에 가 걸었다. 같이 걷다가 학생에게 손을 내미니까 손가락을 잡았다. "손이 차갑네." 하며 학생 손을 다시 잡았더니, 손이 아직 차갑다. 이 학생에게 영근 쌤 손이 따뜻했나 보다. 따뜻한 손이 좋고 손잡아서 좋았나 보다.

> (7/24) 오늘 아침에 지렁이를 봤다. 나는 내가 지렁이를 만지면 지렁이가 뜨거워할까 봐 안 만졌다. 💩

여름이라 지렁이가 많이 나온다. 비가 올 때면 더 많다. 길가에 지렁이 한 마리가 보인다. 아이들에게 지렁이는 친구일 때가 있다. 학생은 잠깐 같이 놀고 싶다. 만지고 싶은 마음도 들었지만 생각만 할 뿐 만지지 않았다. 지렁이가 뜨거워할까 봐 꾹 참고 그냥 지나쳐 왔다. 그 마음이 감동으로 다가온다.

2. 생각과 느낌 쓰기

'우리 학생들은 자기 생각이 없을까?'

이 물음에 모두가 하나같이 '자기 생각이 있다.'고 대답할 것이다. 옳다. 우리 학생들이 어리지만 자기만의 생각이 있다. 그런데도 학생들이 자기 생각을 드러내면, 버릇없다고 말하거나 쓸데없는 소리 한다며 그런 생각을 할 시간에 공부나 하라는 말을 흔히 한다. 그러다 보니 학생이 자기 생각을 고스란히 드러낼 기회가 없다.

학생들은 자기 마음에 든 기분, 생각을 글똥누기에 담는다. 오늘 학교에서 할 공부나 행사를 기대하며 설레는 마음, 시험이나 부담스러운 과제 때문에 학교에 가기 싫은 마음, 착한 일을 해서 뿌듯한 마음, 누군가를 걱정하는 마음까지 담는다.

학생들의 이런 마음을 알아줘야 한다. 어떤 학생들은 말로 자기 마음을 드러내기도 하지만, 많은 학생들이 자기 마음을 말로 드러내는 걸 어려워한다. 또 학생들마다 하는 말을 듣고 마음을 알아채기에는 여러 제약이 따른다. 그러니 학생들이 글똥누기에 담은 글을 보고서라도 그 마음을 헤아리고 보듬어 줄 수 있어야 한다.

(8/19) 방학이 끝나 간다. 💩

(8/20) 대박! 내일 학교 간다! 💩

(8/21) 아…… 학교 와서 좋은데, 양말을
안 신고 왔어! 어떡해. 괜찮겠지? 💩

방학을 마치고 학교에 오는 첫날, 한 학생이 학교 오는 게 많이 설레고 긴장이 되었는지 양말을 신지 않고 왔다. 별일 아닌 것 같지만 학생 처지에서는 이런 것도 걱정이다. 글똥누기에 걱정되고 부끄러운 마음을 담아 썼다.

영근 샘이 읽고서, "괜찮아요. 맨발 교실이니까요. ○○ 맨발이랑 선생님 양말이랑 사진 찍을까요?" 했다. 학생은 씩 웃으며 발을 내민다. 사진을 찍고서 들어가는 모습을 보니 걸음걸이부터 걱정이나 부끄러움이 많이 사라졌다.

(4/16) 오늘 아침에 할머니가 누워 있는 걸 보고 동생에게 물었더니 할머니가 몸살이 났다고 했다. 나는 할머니를 못살게 하면 안 된다고 생각했다.
　왜냐하면 할머니를 못살게 하면 할머니가 돌아가시고 그러면 엄마 아빠가 출근하시면 우린 밥이 없다. 그래서 우린 할미니께 잘해야겠다고 생각했다. 💩

이 글을 쓴 학생은 사촌 집에 함께 산다. 글똥누기에 쓴 아빠 엄마가 고모부와 고모다. 아침이면 학생의 부모님이 다 출근하고 할머니가 밥을 챙겨 주곤 하셨는데, 이날은 할머니가 누워 계셨나 보다. 같이 사는 사촌이 하는 말이 할머니가 몸살이 나 편찮으시다고 한다. 몸이 힘들어서 생긴 병이라 생각한 학생은 할머니를 못살게 굴면 안 되겠다고 한다. 그러다가 할머니가 돌아가시면 밥해 줄 사람이 없다고 한다. 할머니 건강은 물론이고 4학년 학생에게 밥이 걱정이다. 마음 아픈 일이지만 우리 학생들 가운데 지금도 이런 걱정을 하는 학생이 있다. 이런 걱정을 글똥누기로 볼 수 있다는 게 다행이다.

글똥누기에 편지를 써 주는 부모님이 몇몇 있다. 해마다 이런 부모님을 만나지는 못해도 지금까지 몇 분은 만났다. 학생들이 받는 부모님 편지는 어떤 느낌일까? 부모님이 쓰는 편지 내용에 따라 다르겠다.

아이의 잘못을 짚은 편지는 부담일 수 있다. 하지만 부모님이 아이가 해야 할 내용을 써 준다면 그걸 기억해 챙길 수 있다. 아래 편지처럼 일

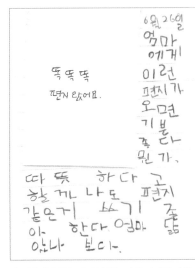
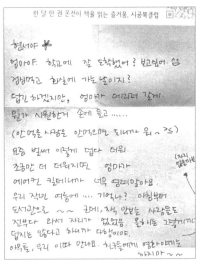

한 학생의 글똥누기와 글똥누기에 편지를 써 준 부모님

상 이야기라면 어떨까? 엄마의 편지를 읽고 학생은 따뜻하고 기분이 좋다고 한다. 자기도 엄마를 닮아 편지 쓰기가 좋다고 한다. 아마도 이 학생도 읽으면 기분이 좋아지는 따뜻한 편지를 쓸 것 같다.

> (7/14) 나는 오늘 아침에 오다가 쓰레기를 봤다. 그래서 내가 주워서 쓰레기통에 버렸다. 나도 마음이 편했다. 💩

학교 오가는 길바닥에 쓰레기가 많이 보인다. 길을 가다 보면 쓰레기를 버리는 사람도 가끔 보인다. 쓰레기를 줍는 사람은 청소하는 분 빼고는 드물다. 이 글을 쓴 학생이 공원을 걷다가 쓰레기를 보았다. 그래서 쓰레기를 주워 쓰레기통에 버렸더니 마음이 편했나 보다.

> (4/12) 오늘 태관이랑 도원이랑 도윤이랑 뛰어왔다. 바람을 가르는 느낌이 참 좋았다. 💩

태관이, 도원이, 도윤이는 글 쓴 학생과 늘 같이 다니는 친구들이다. 가끔 다투기도 하고, 장난도 치면서 같이 오는 친구들이다. 친구들과 함께 걸으면 학교에 금세 닿는다. 학교 가는 길이 즐겁다. 오늘은 넷이서 함께 뛰었다. 앞서거니 뒤서거니 한다. 뛰면서 바람을 느낀다. 넷이서 바람을 가르며 뛰는 모습이 눈앞에 보이는 듯하다.

> (9/11) 엄마가 배가 아프다. 빨리 나았으면 좋겠다. 나도 감기가 빨리 나았으면 좋겠다. 💩

학생이 감기가 들어 힘든 와중에 엄마가 배가 아프다고 하는 말을 들었다. 아픈 엄마 모습을 보니 걱정이다. 감기로 아픈 자기보다 배 아픈 엄마가 더 걱정이다. 엄마도 자기 감기도 얼른 나았으면 하는 아이의 마음이 고스란히 느껴진다.

3. 자연에 대해 쓰기

학생들은 자기만의 눈이 살아 있다. 어릴수록 더욱더 살아 있다. 하지만 고학년으로 갈수록 감각은 무뎌지기 일쑤이다. 공부로 감각을 살릴 시간이 없었던 탓이 크고, 잠깐이라도 틈나는 시간에는 컴퓨터 게임이나 스마트폰에 눈을 빼앗기는 탓이다.

이렇게 감각이 무뎌지니 우리 학생들 눈에 둘레 자연이 보이지 않는다. 학교 오는 길에 가득 핀 꽃이 보이지 않는다. 하늘에 떠 있는 구름을 볼 틈이 없다. 불어오는 바람을 맞을 생각이 없다. 학생들에게 있는 그대로 자연을 만날 수 있게 해야 한다. 자연과 만나서 만지고 듣고 이야기 나누어야 한다. 자연을 놀이터 삼아 실컷 뛰어놀아야 한다.

글똥누기는 자연을 천천히 보고 뛰어놀게 한다. 놀랍게도 그렇다. 학교 오는 길에 만난 자연 이야기가 글똥누기에 고스란히 담겨 있다. 학교 오는 그 짧은 시간에 자연을 눈과 마음에 담은 우리 학생들이 감동하는 날이 계속 이어진다.

(3/28) 학교에 오는 길에 개나리가 피어 있었다. 그 개나리가 예뻤다. 💩

"개나리가 어디에 폈나요?"

"무궁화 아파트요."

"그래? 그럼 우리 가 볼까요?"

개나리가 아파트에 핀 것을 보았다. 개나리가 예쁘다고 한다. 같은 길을 걷는 학생들이 많다. 그런데 개나리를 모두가 본 것은 아니다. 같이 걷는 친구는 보지 못했다. 이 학생 눈에만 보인 개나리다. 다른 학생들에게도 개나리를 볼 수 있게 한다.

이 글똥누기를 읽어 주고서 함께 가 보자고 한다. 학생들도 가 보니 자기도 걸었던 길옆에 있던 개나리인 걸 알고 더 놀란다. 다음 날 개나리는 다른 학생에게도 보인다.

개나리꽃을 보러 나온 참사랑땀 반 학생들

(9/1) 비가 쏴아아아 오니까 도로에 톡톡 소리가 많이 난다. 💩

(9/1) 학교 올 때 비가 후두둑후두둑 오다가 오독오독 왔다. 나는 오독오독 소리가 제일 좋았다. 💩

비가 오는 아침에 학생 둘이 글똥누기에 빗소리를 썼다. 비가 오는 날이면 창문에, 우산에, 길에 떨어지는 빗소리가 함께 들린다. 그 소리가 같을까?

교과서로 배운 사람들에게 빗소리는 하나다. '뚝뚝' 하는 소리다. 조금 다르더라도, '쏴아' 하는 소리가 나는 정도이다. 빗소리는 '뚝뚝', 쏴'아'라고 머릿속으로 생각했던 사람들은 비가 오는 날 눈을 감고 빗소리를 들어 보자. 그 소리를 잊기 전에 글로 써 보자. 아마도 머릿속으로만 생각했던 소리는 아닐 것이다.

위 두 학생은 같은 날 빗소리를 썼지만 다 다르다. 학생마다 빗소리가 다르게 들린 것이다. 날마다 하다 보면 같은 현상을 학생마다 다르게 쓴 글똥누기를 자주 만날 수 있다.

시멘트로 된 회색 네모난 아파트를 걸어 나온다. 아스팔트에 차가 다니고 그 옆에 있는 길로 걷는다. 멀리 네모난 학교에서는 학생들을 반기는 노래가 흘러나온다. 우리 아이들은 지난밤 늦게까지 학원 숙제를 하느라 잠을 제대로 자지 못해 눈꺼풀이 늘 무겁다. 학교 준비물에, 수업을 마치고 바로 가야 할 학원 준비물까지 챙기면 가방이 더 무겁다. 그러다 보면 그 어느 것도 제대로 보지 못한 채 길을 터벅터벅 걷는다.

하지만 글똥누기를 시작한 해부터는 글똥누기로 뭘 쓸까, 하며 여기저기 둘러보게 된다. 그러니까 그동안 못 봤던 것들이 보이기 시작한다. 벚꽃이 눈에 보인다. 바람에 날려 떨어진 나뭇잎이 보인다. 비가 내려 나뭇잎에 맺힌 빗방울이 보인다. 글똥누기로 쓰니 그 뒤로는 더 많은 것들이 눈에 들어온다. 그냥 지나칠 수가 없다. 떨어진 꽃을 주워 온다. 나뭇잎을 챙겨 온다. 꽃과 나뭇잎을 붙이며 글똥누기를 쓴다.

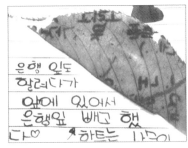

자연을 소재로 쓴 글똥누기. 글똥누기를 쓴 뒤로는 둘레에 있던 많은 것들이 눈에 들어온다.

(10/21) 오늘 안개가 좀 꼈다. 안개가 없으면 좋겠다. 💩

(10/22) 오늘 지렁이가 죽은 걸 많이 봤다. 지렁이는 무슨 잘못이라고…… 지렁이가 불쌍하다. 💩

학교 오는 길에는 늘 자연이 함께 있다. 하루는 안개가 좀 꼈다. 안개가 없이 환한 하늘을 보며 학교에 오고 싶은 날이다. 다음 날은 지렁이가 죽어 있다. 한 마리가 아니라 여러 마리가 보인다.

도시에서 지렁이가 죽는 까닭은 사람들 탓이 크다. 사람 발이나 차바퀴에 밟힌다. 죽은 지렁이가 불쌍하다. 지렁이를 밟지 않으려 조심스럽게 걸어서 학교에 온다.

(9/15) 어제 저녁에 두꺼비를 봤다. 그런데 잘 뛰지 못했다. 그래서 내가 우산에 태워서 풀숲에 놓아 주었다. 💩

글똥누기는 아침에 있었던 일을 많이 쓰지만 어제저녁에 겪은 일을 쓰기도 한다. 집에 가는 길에 두꺼비가 있다. 사람이 오면 보통 두꺼비는 도망간다. 사실 두꺼비를 보면 사람도 무섭다고 도망간다. 하지만 이 두꺼비는 뛰지 못한다. 뛰지 못하고 가만히 서 있는 두꺼비를 두고 갈 수가 없다. 학생이 들고 있던 우산으로 두꺼비를 태워 풀숲에 놓아 주었다.

(7/24) 오늘 학교 오는 길에 나팔꽃이 있었다.
진짜 불 수 있는 나팔 같았다. 💩

학교 오는 길에 둘레로 눈길이 간다. 글똥누기를 쓰다 보니 생긴 버릇이다. 나팔꽃이 있다. 나팔꽃 모양은 이름 그대로 나팔 모양이다. 아, 이거 써야지, 하고서 교실에 들어오자마자 글똥누기에 썼다.

4. 집에서 있었던 일 쓰기

저녁 시간을 보내고, 잠을 자고, 아침에 일어나 학교 가기 전까지 아이들은 집에서 주로 시간을 보낸다. 집에서 있었던 일도 학생들이 글똥누기에 주로 쓰는 글감이 된다. 학생들은 글을 쓸 때 대부분 조금 전에 겪었던 일을 쓴다. 집에서 있었던 일은 가장 또렷하게 머릿속에 남아 있어 쓰기가 쉽다.

글똥누기는 아침에 쓰는 글이다. 그렇기 때문에 아침에 있었던 일을 주로 쓴다. 그런데 어제 있었던 일처럼 좀 더 오랜 시간 전에 있었던 일을 글똥누기로 쓴다면 그 일은 그 학생의 마음에 오래 남을 만큼 중요한 일일 수 있다. 이런 글똥누기를 볼 때는 그냥 흘려 넘길 수 없다. 또 잠자면서 있었던 일과 아침에 벌어진 소동, 씻고 똥 누고 밥 먹고서 학교 갈 준비하는 모습들도 많이 쓴다.

날마다 같은 일이 일어나는 것 같지만, 주고받는 말이 다르다. 아주 작은 것일지라도 그 일이 학생 마음에 남는 기분에는 큰 차이가 있다. 이렇게 똑같은 일이 되풀이되는 것 같지만, 그 속을 들여다보면 글감이 참 많다. 그렇기 때문에 아침에 집에서 일어나는 일도 우리 학생들에게는 글똥누기를 쓸 때 참 좋은 글감이 된다.

이렇게 글을 쓰면서 날마다 같은 일을 되풀이하는 학생들의 경우, 하루 중 마음에 남는 한 장면을 글감으로 잡으면 좋은 글쓰기 연습이 된다.

(4/5) 오늘 아침에 엄마가 머리 묶어 줬다. 머리를 따 줬다. 예뻤다. 💩

(4/8) 오늘 오다가 벚꽃을 봤다. 개나리꽃도 봤다. 복숭아꽃도 봤다. 모두 예뻤다. 💩

(3/17) 금요일날, 논술 수업을 했는데 재미있었다. 💩

(3/18, 화) 오늘 아빠가 출근할 때 계단 밑까지 마중을 나갔다. 💩

아침은 늘 바쁘다. 일어나 방 정리하고, 씻고, 밥 먹고, 옷도 입고 할 일이 많다. 늦잠이라도 자면 더 바빠진다. 어떤 학생은 이렇게 바쁜 아침을 전쟁 같다고 글똥누기에 쓰기도 했다. 바쁜 아침이지만 그 속에서도 사는 모습은 있다. 아침마다 엄마가 머리를 따 주기도 하고 묶어 주기도 한다. 늘 해 주는 머리 손질이지만 그 모습이 다르게 느껴지는 날이 있다. 늘 같은 머리 모양 같지만 그 모습이 유난히 좋은 날이 있다.

학생들 아침에는 엄마가 주로 등장한다. 해가 지날수록 엄마가 하던 아침 준비도 아빠가 하는 모습으로 글똥누기에 나타나기도 한다. 위 글똥누기처럼 아빠 출근 시간과 아이가 등교하는 시간이 비슷해서 같이 나오며 헤어질 때가 있다. 보통은 아빠가 먼저 출근한다. 아빠 가는 걸 보러 일부러 내려가는 아이 모습이 아름답다. 사랑이 가득한 집이다.

(3/23) 아침에 아빠가 숙소 도착을 했다고 카톡으로 보냈다. 숙소가 진짜로 예쁘다.

　내가 카톡으로 '그냥 따라갈걸. ㅠㅠ', '아빠 보고 싶어요 ㅠㅠ'라고 보냈다. 어제 아빠 보고 싶어서 좀 눈물이 나왔다. ㅠㅠ💩

(3/26) 내일이면 아빠가 온다. 여태까지 아빠가 없어서 허전했는데 이제 안 허전하겠다. 이제 안심이 된다. 왜냐하면 큰 사고가 2번이나 났기 때문에……. 💩

(3/28) 오늘은 엄마가 녹색어머니 때문에 회사에 안 가신다. 그래서 너무 좋다. 그리고 난 오후 육상 끝나면 병원 가기로 했다. 신나는 날. 💩

　요즘은 맞벌이하는 집이 많다. 학생들 글똥누기를 읽다 보면 아빠나 엄마가 회사를 안 가는 날이면 좋아하는 내용을 많이 볼 수 있다. 부모님이 출장을 가면 안전하게 잘 다녀오길 바라면서 빨리 오길 바라는 내용도 있다.

　학생의 엄마가 학교 녹색어머니 활동을 한다고 회사를 하루 쉬었나 보다. 엄마는 회사를 쉴 수밖에 없었겠지만 아이는 신나는 마음이 가득하다. 엄마는 쉰 김에 병원 일까지 보려 한다. 아이는 엄마랑 함께 있을 수 있다는 사실 때문에 병원에 따라가는 것도 좋았을 것이다.

(5/8) 나는 오늘 아침에 동생이랑 안방에서 수영 놀이를 했는데 수영 놀이는 이불에서 수영을 하는 거다. 💩

　집에서 있던 일에는 아빠 엄마 이야기가 많다. 가끔 형제자매 이야기도 나오는데 보통은 서로 다툰 이야기다. 이 글똥누기처럼 동생과 안방에서 놀이하며 즐겁게 지내는 이야기는 생각보다 적다. 물론 이 두 아이는 부모님에게 혼날 수도 있겠다. 아침부터, 그것도 어버이날 아침에 학교 갈 준비는 않고 놀고만 있으니 말이다. 아니면 이렇게 사이좋은 모습을 칭찬할 수도 있다.

> (5/8) 어제 엄마 아빠와 같이 고기를 먹으러 갔는데 엄마가 술을 너무 많이 드셔서 길가에 엄마가 몇 번 넘어졌다. 그리고 나중에는 아빠가 엄마를 업어서 집에 들어갔는데 엄마가 우웩 토를 하셨다. 💩

5월 8일 어버이날을 맞아 엄마 아빠가 기분을 낸 것 같다. 저녁으로 고깃집에 가서 술도 한 잔, 아니 여러 잔 했다. 기분이 좋은 엄마가 술을 많이 마셔 비틀거렸나 보다. 결국 걷기 힘들어 아빠가 업었는데 이런, 엄마가 토하고 말았다.

> (4/11) 나는 오늘 7시에 일어났다. 근데 지각했다. 그래서 뛰어왔다. 근데……일기!!!!!!!!!를 두고 왔다……ㅠㅠ 진짜~~~~ 썼는데…… 열심히 썼는데……. 어제 그냥 책상 위에 올려 두고. 내일 가방에 넣어야지 하고 잊어버렸다. 제목도 기억 나는데 근데 어디서 소연아 한소연이라는 소리가 들렸다. 엄마가 일기를 갖다 줬다. 💩

무슨 일이든 잘 안 되는 날이 있다. 이날이 소연이에게는 그런 날이다. 늦게 나와서 지각하지 않으려고 뛴다. 교실에 와서 가방을 열어 보니 일기가 없다. 일기를 열심히 썼는데 없다. 어젯밤에 일기를 쓰고서 가방에 넣지 않은 걸 얼마나 후회했을까. 하지만 뒷문에서 엄마가 소연이를 부르며 인기를 가져다준다. 엄마가 고맙고 그제야 마음이 놓였을 것이다.

> (12/17) 오늘 수업이 끝나고 친척동생과 이모를 만나러 가는데 좀 기대가 된다. 💩

집에 손님이 오는 날은 하루 종일 설레고 신난다. 친척 집에 가거나 여행 가는 날도 마찬가지이다. 아침부터 기대감에 기분이 좋고 시간이 빨리 가기만을 기다린다. 이런 설렘이 있는 날, 글똥누기를 가지고 오는 학생 표정은 더없이 밝고 환하다.

> (4/8) 오늘 우리 집 앞에 아저씨가 아파트에 매달려서 일을 하고 있었다. 스파이더맨 같았다. 💩

아침 일찍 학교 갈 준비를 하는데 스파이더맨이 보인다. 아이 눈에는 아파트에 매달려서 일하는 아저씨 모습이 흡사 스파이더맨 같았나 보다. 이렇듯 우리 사는 둘레에는 저마다 다른 모습으로 일하며 사는 사람들이 있다. 모두가 소중한 삶이고 가치 있는 일이다. 아이는 다른 사람들이 사는 모습을 그냥 지나치지 않고 유심히 보고서 상상한 걸 글똥누기에 그대로 담았다.

5. 친구와 있었던 일 쓰기

학교 오는 길에, 혼자이면 왠지 쓸쓸하다. 친구와 만나 함께 오는 게 재미도 있고 즐겁다. 함께 만날 시간을 정해서 일부러 만나기도 한다. 학교 마치면 학원 가기 바빠서 함께 만나서 오는 시간까지 정하는 것이다.

> (3/2) 오늘 아침에 예림이와 같이 왔다. 참 좋았다. 왜 좋았냐면 혼자 오면 쓸쓸하고 같이 오면 좋았다. 💩

> (3/2) 학교에 승재와 같이 왔다. 혼자 왔으면 심심했을 텐데 승재와 이야기를 나누니 재밌었다. 💩

학교 오는 이 시간이 아이들에게는 그만큼 소중한 시간이다. 혼자 가다가도 학교 오는 길에 친구가 보인다. 반가운 마음에 친구에게 뛰어간다. 친구와 이런저런 이야기 나누며 걷는다. 학교 오는 길에 만나 있었던 일을 글똥누기에 고스란히 담아낸다.

오늘 현준이랑 학교에 오다가 지네 5마리를 봤다. 징그러웠다. 근데 3마리가 찍짓기를 하고 있었고, 2마리는 그냥 꿈틀꿈틀 기어갔다.(장예원) 💩

오늘 난 장예원이랑 길에서 지네를 봤다. 2마리는 그냥 가 버렸고, 3마리는 짝짓기를 하고 있었다. 너무 징그러웠다. 오늘은 검정색이고 빨강색 점이 있는 무당벌레도 봤다. 오늘은 벌레를 너무 많이 보는 거 같다.(조현준) 💩

더운 7월 아침, 예원이가 학교 오는 길에 지네를 봤다고 글똥누기에 써 왔다. 지네가 다섯 마리나 있었는데 징그러웠다고 한다. 징그러우면 피하거나 빨리 지나치곤 했는데 그날은 유독 그 모습을 유심히 살폈다. 짝짓기를 하고 있더라고 하며 그 마리 수까지 썼다.

현준이가 쓴 글똥누기도 같은 내용이다. 징그럽지만 이렇게 보고 글 똥누기까지 쓸 수 있었던 건 둘이 함께 있어서다. 혼자였다면 지네를 보고 징그러워서 그냥 지나쳤을 것이다. 그런데 현준이는 예원이가 있어, 예원이는 현준이가 있어 지네를 유심히 볼 수 있었다. 친구는 징그러운 기분도 이겨 낼 수 있게 한다.

오늘 송희를 만났다. 그래서 난 오늘 무엇을 글로 쓸 건지 물어보았다.
"송희야, 오늘 뭐 쓸까?" 송희가, "몰라."
영아트에서, "송희야, 오늘 뭐 쓰지?" "모른다고."
내가, "송희야, 진짜 몰라?" 송희가, "몰라!"
송희 목소리가 무서웠다.(김다혜) 💩

나는 오늘 아침에 다혜를 만났다.

학교에 다 왔을 때 다혜가, "송희야, 오늘 뭘 쓸까?" 했다. 나는 "몰라."

또 다혜가, "송희야, 진짜 몰라?" 내가 "모른다고!"

다혜가 딱 한 번 더 "진짜진짜 몰라?" "그래. 몰라!"

계속 말하니까 목이 쉬어서 크게 말했다. (한송희) 💩

학교 오는 길에 다혜는 '오늘은 글똥누기에 뭐 쓰지?' 하는 생각이 든다. 날마다 쓰니 이런 생각이 들고, 그 생각은 둘레에 관심을 갖게 한다. 오늘은 송희를 만났다. 학교에 다 왔을 때 송희에게 오늘 글똥누기에 뭐 쓸 건지 물었다. 송희는 모르겠다고 했다. 다혜는 '송희야, 진짜 몰라?' 하며 한 번 더 묻는다. 송희가 '몰라' 하고 크게 말했다. 다혜는 송희가 크게 낸 소리가 무서웠다.

송희가 쓴 글똥누기는 다르다. 송희는 계속 말하니까 목이 쉬어서 크게 말했지 화가 나서 그런 게 아니었다. 영근 샘이 다혜와 송희에게 글똥누기를 바꿔서 보자고 했다. 글똥누기를 읽으면서 둘은 씩 웃는다.

(2/12) 난 준엽이가 싫다. 왜냐면 자꾸만 놀리기 때문이다. 준엽이는 자꾸 날 놀린다. 난 준엽이가 너무너무 싫다. 준엽이는 내 마음을 모르는 거 같다. 자꾸 할머니, 증조할머니 이렇게 놀린다. 아줌마라고도 놀린다. 💩

(2/15) 이제 준엽이는 나를 놀리지 않는다. 그 대신 나한테 이상한 짓만 한다. 또 이상한 소리를 낸다. 내가 알아듣기는 했지만 날 놀리는 것 같다. 💩

같은 반이라고 모두 친하게 지낼 수는 없다. 나와 성격이 안 맞는 친구도 있다. 때로는 무난히 지내다가 잠깐 사이가 나빠지기도 한다. 남학생과 여학생 사이에서는 이런 일이 자주 일어난다. 남학생이나 여학생이 짓궂게 장난을 치고 즐겁게 놀기도 하지만 놀림을 받으면 짜증이 나기도 한다. 여학생이 그러지 말라고 말하지만 남학생은 한 번에 들어주지 않는다.

이때 그 짜증을 글똥누기에 쓰며 푼다. 글로 마음을 담아내며 푸는 것이다. 그렇게 며칠이 지나고 다시 사이가 보통 때로 돌아가기도 한다. 물론 갈등이 계속되면 상담이나 회의로 함께 풀어야 할 필요가 있다.

(11/7) 오늘 아침에 김강윤, 최은헌, 전한결, 김태윤을 만났다. 여자는 없어서 어색했다. 다음엔 여자가 있으면 좋겠다. 💩

학교에 오며 친구를 만난다. 심심하지 않으니 즐거운 일이다. 친한 친구를 만날 때는 더 그렇다. 오늘은 친구를 넷이나 만났다. 그런데도 조금은 어색하다. 왜 그럴까? 만난 친구들이 모두 남자아이들이라 그렇다. 여자도 있었으면 더 좋았을 텐데, 하는 생각이 절로 들 수밖에 없겠다.

(5/11) 오늘 학교 오는 길, 해울이와 수다를 떨며 왔다. 재궁공원 앞쪽으로 걸어가는데 어떤 애가 기타를 메고 갔다.
해울이랑 난 그 애가 누구인지 후보를 정한다.
'1번 박재완', '2번 이찬영' 난 처음에 '우리 반이다. 100퍼센트 우리 반이야~'라고 생각하고, 난 1번 박재완이라고 생각하고 갔다.
진짜 박재완이었다. 💩

친구 해울이랑 함께 학교에 간다. 둘만 걷는 게 아니다. 여기저기서 학생들이 보인다. 이때 앞에 보이는 학생 모습에 눈이 더 간다. 기타를 멘 학생이다. 기타를 메고 학교에 갈 학생은 우리 반밖에 없다. 누굴까, 하고 고민하던 둘은 우리 반 친구들 가운데 재완이와 찬영이를 떠올렸다.

해울이는 여러 친구들 가운데 재완이라고 생각했는데, 얼굴을 보니 진짜 재완이었다. 아이들은 친구 뒷모습만 보고 누군지 맞혀 보는 것만으로도 참 재미있어한다.

> (4/11) 오늘은 오랜만에 혼자 간 것 같다. 친구들은 더 뒤에 있지, 동생은 바로 옆에 있는데 말도 거의 안 해서 혼자 온 기분이었다.
> 가끔씩은 혼자 가는 것도 나쁘지 않은 것 같다. 💩

늘 가는 길도 다르게 느껴질 때가 있다. 기분에 따라 날씨에 따라 같이 걷는 사람에 따라 다르게 느껴질 때가 있다. 다른 때 같으면 친구, 동생 같이 가는데 오늘은 혼자서 가는 것 같다. 이 글똥누기를 쓴 학생은 말없이 혼자서 가는 느낌도 제 나름대로 괜찮았나 보다.

> (6/5) 윤아가 내 등에 물을 쏟았다.
> 윤아가 걱정할까 봐 괜찮다고 했다. ㅠㅠ 💩

글똥누기에 친구와 만나서 나눈 이야기를 쓰기도 한다. 숙제 이야기, 학원 이야기, 다른 친구 이야기, 수업 마치고 놀 약속을 한 이야기……무궁무진하다. 교실은 친구들과 함께 사는 곳이다. 친하지는 않더라도 갈등이 생겨도 서로 관계를 맺으며 살 수밖에 없다.

윤아가 실수로 현서 등에 물을 쏟았다. 깜짝 놀라기도 하고 옷이 젖어서 화도 나지만, 친구가 더 미안해할까 봐 괜찮다고 한 현서 마음이 그대로 전달된다.

6. 몸 상태 쓰기

어릴 때는 참 자주 아프다. 학기가 처음 시작하는 3월에는 학교에 적응한다고 아픈 것도 모르고 지내지만, 4월쯤 되면 아픈 학생들이 많아진다. 아직 소화기관도 약해 잘못 먹으면 몸이 아프기도 하고, 신경을 많이 쓰면 토하거나 설사하기도 한다. 그래서 아침에 집에서 똥을 누고 오라고 날마다 일러 준다. 실제 아침에 똥을 누고 온 학생들에게 칭찬하기도 했다.

소화뿐만 아니다. 아직 면역력이 약해서 감기 같은 이런저런 병치레도 자주 한다. 몸도 균형이 제대로 잡히지 않아 걷다가 무엇에 걸리면 쉽게 넘어진다. 둘레를 신경 쓰는 것도 아직 잘되지 않아 땅을 보지 않고 뛰거나 걷다가 발을 헛디뎌 넘어지기도 하고, 여기저기 머리를 박아 혹이 나기도 한다.

이렇게 아픈 몸으로 학교에 온 학생들은 선생님에게 말할 수 있어야 한다. 보통 때 말이 많은 학생이 도리어 말이 없고 조용하다면 아픈 상태일 수 있다. 넘어지거나 부딪혀서 다쳤을 때에도 학생이 직접 말하지 않으면, 선생님은 알 수가 없다. 아픈 걸 말로 하지 못할 때 글똥누기에 써 주면 몸 상태를 헤아릴 수 있다. 이를테면 이렇게 말이다.

> (11/14) 어제 독감주사를 맞았는데 맞을 때 따갑고 지금은 멍든 것 같다. 어제 아빠가 하룻밤 자면 안 아프다고 했는데 아프다. 💩
>
> (3/26) 오늘 아침 일어나 보니 목이 칼칼했다. 계속 기침이 나온다. (콜록) 💩

우리 반은 날마다 일기를 쓴다. 다만 쓰지 못할 처지라면 쓰지 않는 게 옳다고 말한다. 바로 이런 때다.

> (3/23) 오늘은 일기책을 두고 왔다. 왜냐하면 귀가 너무 아파서 일기를 못 썼다. 오늘은 귀가 조금 나아졌다. 아빠가 귀가 다 나을 때까지 뛰어다니지 말라고 했었다. 그리고 많이 쉬면 빨리 낫는다고 하셨다. 💩

이 학생은 일기장을 가져오지도, 일기를 쓰지도 않았다. 당연하다. 아파서 움직이기도 힘든데 일기를 어떻게 쓸 수 있겠나. 글똥누기로 아프다는 것을 알았기 때문에, "일기는 중요하지 않아요. 빨리 나아요."라고 말 한마디를 해 줄 수 있었다.

한번은 전담실에서 전화가 왔다. 들어 보니 영어 수업 시간에 원어민 선생님이 화가 났다고 한다. 학생이 영어 노래며 율동을 따라 하지 않는다고 했다. 그 말에 선생님에게 오늘은 봐 달라고 말씀드렸다. 그 학생이 오늘은 다리가 아프다는 말을 대신 해 줬다. 이렇게 말할 수 있었던 까닭은 아침에 다리가 아프다고 쓴 글똥누기를 봤기 때문이다. 글똥누기를 보지 않았다면 영근 샘 또한 아이의 상태도 잘 모르면서 무턱대고 화냈을 것이다.

(3/26) 목요일 비염이 걸렸지만 지중해야겠다. 💩

"비염이구나."

"네."

그런데 '지중'이 뭔지 모르겠다.

"승찬아, 이게 뭐지?"

"집중이요."

"아, 이거." 하며 '집중'으로 고쳐 써 줬다.

"승찬아, 그래. 힘들지만 집중해 보자."

"네."

그렇게 승찬이는 자기 자리로 돌아갔다.

그러고 나서 하루 종일 한 가지가 못내 마음에 걸렸다. 지중이라는 글을 집중이라고 고쳐서 승찬이가 괜스레 부끄러웠을까 봐. 내가 묻고 승찬이가 답했으니까 승찬이는 그 글자를 아는데, 승찬이가 들어서 고쳤을 텐데. 여러 가지 생각이 머릿속을 떠돈다.

미안한 마음에 승찬이를 불렀다.

"승찬아, 나도 코감기야. 힘내."

승찬이가 웃으며 "네." 한다.

"그리고 괜찮아."라고 말했다. 글자 틀린 거 괜찮다는 마음을 담아서. 승찬이는 "네." 한다.

승찬이는 무엇이 괜찮다고 한지 모르고 비염이 괜찮다며 힘내자고 한 것으로 알 것이다. 이런 내 말에 글자 틀린 일을 잊었기를 바라 본다. 조금 더 세심하게 말하고 행동하자고 다짐해 본다.

(4/9) 아침에 항생제 먹다가 설사를 해서 늦었다.
감기약을 먹기 싫다. 💩

  학생은 아파서 병원에 갔다. 약국에서 감기약을 지어 와 저녁에 먹고
잤다. 잘 때는 괜찮았는데 아침에 먹으니 설사가 나온다. 아침부터 설사
를 했더니 무척 힘들다. 빨리 나았으면 좋겠다. 수업 시간에는 졸리기까
지 하다. 수업 시간에 잠깐 엎드려 있는 걸 보고 영근 샘도 아무 말 하
지 않는다. 학생이 감기로 힘들어하는 걸 글똥누기로 봤기 때문이다. 어
깨를 한 번 토닥여 줄 뿐.

7. 그날의 기분 쓰기

아침마다 몸 상태만 다른 게 아니다. 기분도 늘 다르다. 한번은 4학년 남학생이 글똥누기를 이렇게 썼다.

(3/23) 오늘 학교 가는 길 너무 추웠다. 오늘은 운이 좋은 날이다. 신호를 기다리려고 하는데 초록불로 켜졌다. 그래서 기분이 좋았다. 💩

신호등의 초록불은 늘 켜졌다가 꺼졌다가 한다. 그런데 자기가 도착할 때 초록불로 바뀐 것을 보고 운이 좋은 날이고 기분이 좋다고 한다. 이런 작은 일에도 기분이 좋아지는 우리 학생들이다. 큰 돈이나 좋은 물건을 갖고 있지 않아도 충분히 행복할 수 있다는 것을 글똥누기로 배운다.

(5/26) 오늘 30분에 도착했다. 아침부터 선생님이 노래를 불러 주시니 좋나. 아침부터 기분이 좋아진다! 💩

교실에 일찍 오는 학생들이 있다. 8시 30분에 도착해 자리에 앉아 가방을 열고 하루를 준비한다. 글똥누기로 뭘 쓸까, 하는데 선생님이 기타를 치며 노래한다. 늘 듣는 선생님 노래인데 다른 때보다 더 좋다. 조용한 교실에서 선생님 노래를 듣고 든 기분을 글똥누기에 적었다.

(10/23) 오늘은 어깨가 위쪽으로 올라갔다. 왜냐하면 과학 과제를 다 했기 때문이다. 💩

참사랑땀 반은 아침마다 알림장을 확인한다. 알림장에 챙겨야 할 교과서와 준비물을 적어 둔다. 집에서 해야 할 과제를 써 둘 때도 있다. 알림장을 보지 못한 날이 있다. 과제를 못 하고 준비물도 못 챙겼을 때는 마음이 불편하고 걱정스럽다. 그런데 오늘은 과학 과제를 다 했으니 학생 어깨가 절로 위로 올라간다.

(1/8) 어제 목도리를(뜨개질) 완성해서 하고 학교에 왔다. 💩

학생들이 쓰는 글똥누기에는 놓치면 안 되는 알맹이 말이 있다. 학생이 추워서 '목도리'를 하고 왔다. 뜨개질로 직접 만든 목도리다. 어제처럼 똑같이 춥더라도 오늘은 어제보다 춥지 않다. 엄마의 도움을 받았다지만, 자기가 만든 목도리를 하고 오니 학교에 가는 게 신난다.

(5/13) 오늘은 너무 기분이 좋다. 나도 모르게 기분이 좋다. 💩

(3/16) 날씨가 너무 좋아서 기분이 좋다.
그래서 오늘 아침 뛰어나왔다. 💩

이 글똥누기를 쓴 학생은 아침부터 기분이 좋다. 기분이 그냥 좋다. 아침에 눈이 저절로 떠지고 몸은 개운하다. 식구와 즐겁게 아침을 먹고 인사도 크게 하고 나온다. 기분이 좋아서일 것이다. 나와 보니 날씨도 너무 좋다. 기분이 좋으니 발걸음도 가볍다.

그냥 기분 좋은 날, 날씨가 좋아 기분 좋은 날, 학생은 즐거운 마음으로 하루를 시작한다. 글똥누기를 읽으며 이 기분을 북돋아 주는 영근 샘도 덩달아 기분이 좋다.

(6/23) 오늘은 내가 좋아하는 미술이 들었다. 💩

(6/24) 오늘은 비가 많이 온다. 비가 온다고 오빠가 기타를 들어 주었다. 고마웠다. 💩

학생들마다 좋아하는 과목이 다르다. 오늘 시간표를 살피니 미술 시간이 있다. 미술을 좋아한다. 시간표에 있는 '미술'이라는 과목만 봐도 기분이 좋다.

기타 동아리라서 기타를 들고 가야 하는데 비가 오니 불편하고 힘들 것 같다. 이때 오빠가 기타를 들어 주겠다고 한다. 오빠한테 고맙고 그 덕분에 즐거운 마음으로 학교에 왔다.

(10/15) 어제랑 똑같다. 글똥누기가. 💩

(10/19) 오늘 처음으로 피아노 학원 가서 떨린다. 💩

어제는 그저께와 같은 아침이었다. 그래서 글똥누기에 어제와 같은 날이라고 썼다. 날마다 똑같은 일상이 되풀이되는 기분을 솔직히 드러냈다. 그런데 며칠 뒤 이 학생에게 오늘은 다르게 다가온다. 오늘 수업 마치고 피아노 학원에 가는 날이다. 처음으로 가는 날이라 설레고 떨린다. 수업 마치고 가는 피아노 학원이지만 아침부터 마음이 콩닥콩닥 뛰며 설렌다.

> (3/19) 오늘은 치마를 입었다. 그래서 오늘도 난 예쁜 것 같다. 헤헤. 💩

오늘 아침에는 치마를 입고 학교에 간다. 치마 입는 게 좋다. 치마를 입으니 스스로 봐도 예쁜 것 같다. 기분이 좋아서인지 반짝반짝 빛나는 치마에 좋아하는 자기 모습까지 그렸다. 웃음이 절로 나는지 글에도 '헤헤' 하고 썼다.

> (7/25) 오늘 '아-마'로 팥빙수를 만들어 먹는데 난 준비물로 미숫가루, 시리얼, 조그마한 과자를 가져왔다.(숟가락도~) 근데 단점이 난 팥을 안 좋아한다. 💩

학기 말 두 주 동안 '아름다운 마무리'로 하루에 한 가지 활동을 하며 즐거운 시간을 보낸다. 오늘은 팥빙수를 만드는 날이다. 팥빙수 해 먹을 준비물로 미숫가루, 시리얼, 과자를 챙겼다. 미숫가루 퍼 먹을 숟가락도 챙겼다. 팥빙수를 만들어 먹을 생각에 기분이 좋다. 이날, 팥을 별로 좋아하지 않는 학생이지만 팥빙수를 만들어 즐겁게 먹기까지 했다.

8. 화나는 일, 억울한 일, 속상한 일 쓰기

　많은 사람들이 어린이들은 아름다운 것을 보아야 하고 밝은 생각을 해야 한다고 한다. 어린이들은 좋은 말만 해야 한다고 한다. 하지만 실제로 그렇게 살 수 있는지 잘 따져 봐야 한다.

　우리 학생들은 식구와 함께 산다. 식구가 아플 때도 있고 집안 형편이 어려울 때도 있다. 부모님이 화를 내며 이야기를 주고받기도 한다. 또 우리 학생들은 식구들이 힘들어하는 모습을 보면 속상하고 걱정이 된다. 이렇게 속상하고 걱정이 되는 마음을 그대로 가지고 학교에 온다. 학교에서는 내 마음 같지 않다. 아무도 내 마음을 알 리 없으니 보통 때와 같다. 이 마음을 어디 풀 곳도 없다.

　그러다가 친구와 자그마한 다툼이 생기거나 선생님과 오해가 생기면 그 마음이 폭발하고 만다. 보통 때와 다른 반응이 저절로 나온다. 집안일만 그런 게 아니다. 학교와 학원을 오가며 너무 많이 배우는 것도 학생들에게는 힘든 일이다. 한 교실에서 함께 지내는 친구들과 관계가 좋아서 잘 지내다가도 갈등을 겪거나 힘든 일이 생길 수 있다. 이렇게 화나고 억울하고 속상한 마음을 어딘가에다 풀어야 한다.

　이런 마음을 풀 수 있는 곳이 글똥누기다. 글똥누기에 쓰는 것만으로도 조금 풀린다. 쓴 것을 읽어 보고 나서 담임선생님이 해 주는 말 한마디가 큰 응원이다.

> (5/16) 오늘 남혁이랑 나랑 가고 있는데 남혁이 친구가 남혁이한테 여자 친구냐고 우겼다. 💩
>
> (4/29) 어제는 오세혁이 똥개라 하고 오늘은 바보라 했다. 💩

학교에서는 혼자로만 지낼 수 없다. 친구들과 함께 지내야 한다. 학급에서는 짝과 모둠이 있다. 학급에서 일어나는 활동을 함께 해야 할 때가 많다. 친구들과 함께 지내는 즐거움이 학교에서는 가장 크다. 그런데 가끔은 친구들 때문에 화가 날 때도 있다.

친구와 같이 가는데 지나가던 다른 학생이 친구를 남자 친구라고 우길 때 화가 난다. 내가 듣기 싫은 별명을 불러도 그렇다. 그럴 때 화를 내기도 하지만 맨날 그럴 수도 없다. 성격에 따라 화를 직접 내지 못하는 학생도 있다.

> (8/29) 이제 드디어 이혼하는 건가. 아빠가 어제 하루 종일 술도 안 마셨는데 이유 없이 나한테 욕했다. 때리려는 건 겨우 막았지만 맨날 회사 사장이랑 싸우고 나한테 화풀이하니 짜증난다. 오늘 아침에도……. 💩

학생들 글똥누기 가운데 이런 글을 읽으면 말 한마디 해 주기가 조심스럽다. 글똥누기를 잘 읽어 보면 아빠가 술 마시고 자주 욕하는 걸 알 수 있다. 이번에는 맞지는 않았다고 하는 걸 보면 다른 때는 맞기도 하는 것 같다. 그런데 욕하고 때리는 까닭이 회사나 바깥에서 있었던 일로 화가 나서다. 그 화를 집에서 아이에게 풀고 있다. 자세하고 정확한 상황을 알 수는 없지만 그래도 이렇게 화내고 때리면 안 된다. 아이가 화나고 속상하고 힘들 때 글똥누기나 일기에 풀 수 있어서 조금이나마 다행이다.

> (5/16) 아침에 들어오다 "우리 반은 기타를 잘 친다."라는 말이 들렸다. 그런데 나는 기타를 안 쳐서 속상했다. 나만 빼고 말하는 것 같았기 때문이다. 💩

참사랑땀 반은 기타 동아리가 있다. 기타 동아리는 방과후 활동으로 희망하는 학생만 한다. 해마다 참사랑땀 반에서 반 정도 되는 학생들이 기타 동아리를 한다. 아침에 교실로 걸어오는데 다른 반 학생이 우리 반 기타 소리를 들으며 잘 친다고 했나 보다. 글 쓴 학생에게 하는 말도 아닌데 속상한 마음이 불쑥 든다. 우리 반 칭찬이지만 기타 동아리가 아닌 학생은 자기만 빠져 있다는 생각에 속상한 마음이 불쑥 든다. 저절로 드는 마음이다.

> (8/16) 오늘 화가 난다. 아빠가 날 깨우고 아빠에게 혼났다. 그리고 알림장 체크를 못했다. 혼난 이유는 누나랑 싸웠기 때문이다. 싸운 이유는 내가 시비를 걸었는데 누나도 똑같이 해서 둘 다 혼나야 되는데 나만 혼났다. 💩

어제 누나와 싸웠다. 누나에게 화나는 말을 했더니 누나가 화를 내 싸웠다. 이 이야기를 들은 아빠가 아침에 학생을 깨운다. 학생은 싸운 걸로 혼났다. 알림장을 보더니 알림장이 제대로 되지 않았다며 아빠가 더 화냈을지도 모르겠다. 억울하고 속상하다. 먼저 화나게 한 것은 맞지만 누나도 화내며 싸웠으니 같이 혼나야 하는데 학생만 혼나서 화가 난 마음을 글똥누기에 쏟아 냈다.

> (10/29) 영주가 어제 들살이 다녀온 뒤부터 아프기 시작했다. 잠잘 때도 그랬나 보다. 영주가 여기 아파요 저기 아파요 이랬다. 그러면서 울었다. 💩
>
> (10/31) 영주가 하루 지나자 영주가 다시 살아났다. 휴~ 다행이다. 💩

동생이 많이 아팠다. 식구가 함께 나들이를 다녀온 뒤 아프기 시작해 잠잘 때도 계속 아팠다. 토하기까지 했다. 여기저기 아프다고 하며 울었다. 동생이 아픈 걸 지켜보는 학생의 마음도 아프다. 함께 눈물이 흐르고 속상하다. 잠도 설치고 걱정하다 학교에 와서는 글똥누기에 썼다. 학생의 동생이 하루 만에 나아서 정말 다행이다.

9. 그 밖에

글똥누기에 쓰는 내용은 학생마다 다 다르다. 같은 학생이라도 날마다 쓰는 내용이 조금씩 다르다. 학생들에게 글똥누기에 이런저런 내용을 써 보자고 주제를 미리 던져 줄 수 없다. 어떤 내용을 쓸 것인지는 오로지 학생만이 정할 수 있다.

학생들이 쓰는 글똥누기를 여덟 가지로 나누어 보았지만, 이것만으로 학생들이 쓰는 글똥누기 내용을 다 담을 수 없다. 학생마다 다양한 이야기가 글똥누기에 담기기에 글똥누기를 보는 즐거움이 있고, 학생마다 가진 마음을 알아 가는 즐거움이 크다.

물론 쓸 게 없다면서 날마다 비슷한 내용을 쓰는 학생도 있다. 이때는 긴 시간을 두고 기다린다. 어느 날 쓸거리가 생겨서 쓴 글똥누기를 볼 때면 크게 좋아하며 아이를 응원한다.

가. 내 모습

아침이면 거울 앞에 선다. 머리도 매만지고 옷매무새를 살핀다. 바쁠 때는 머리도 못 감고 오는 학생도 많아 머리에 까치집을 짓고 오기도 한다. 다른 친구들이 머리를 보며 웃는 모습에 학교 화장실에 가서 물을 묻히기도 한다. 흔한 일이다.

엄마가 만들어 준 옷을 입고 오는 날은 특별한 날이다. 그럴 때면 "선생님, 저 우리 엄마가 해 준 옷 입고 왔어요." 하고 선생님에게 하고 싶은 말을 글똥누기에 쓴다. 새 옷을 입고 온 학생도 글똥누기에 새 옷 이야기를 쓴다. 머리를 야무지게 묶고 온 학생은 그 머리를 하고는 기분이 좋다. 자기가 하고 싶은 머리를 했으니 그 이야기를 글똥누기에 안 쓸 수가 없었을 것이다.

마음에 드는 자기 모습을 글똥누기에 쓴 아이들

나. 잊지 않으려

(6/25) 오늘 영근 샘께서 생일 축하를 해 준다는 걸 알게 되었다~ ^_^
사실 영근 샘이 까먹을까 봐 오늘 글똥누기에 쓰라고 하셨다~ ^_^ 💩

(11/3) 횡단보도를 지나는데 손이 얼음손이 된 느낌이다. 💩

(11/4) 장갑을 끼고 학교를 오니 따뜻했다. 💩

한 학생이 생일이라 영근 샘이 생일을 글똥누기에 써 달라고 했다. 학생은 어떻게 쓸까 생각하다가 영근 샘이 까먹지 않게 써 달라고 했다는 말을 그대로 글똥누기에 썼다. 다른 학생들도 제 생일에는 글똥누기에다 생일이라고 쓴다. 영근 샘이 축하하는 것을 잊지 않도록 말이다.

11월이 되니 날씨가 춥다. 학교로 오는데 손이 시려서 그 기분을 글똥누기에 써 왔다. 이 글똥누기를 읽은 덕분에 학생에게 "장갑을 끼고 오세요."라고 일러 줄 수 있었다. 학생은 다음 날 장갑을 끼고 왔다. 등교 때 따뜻했던 느낌을 글똥누기에 담았다.

다. 아픔

오늘 엄마랑 같이 왔는데 어른들이 나뭇가지를 자르고 있었다. 나무가 많이 아팠겠다. 💩

학교에 큰 플라타너스 나무가 있다. 이파리가 어찌나 넓은지 여름이면 나무 아래에서 학생과 학부모가 옹기종기 모여 이야기를 나눈다. 그런데 몇 해 전부터 어른들이 전기톱으로 학교 나무를 잘라 낸다. 잔가지만 조금 치는 게 아니라 큰 가지를 다 잘라 버린다. 학생은 나무의 마음을 알아주듯 아팠겠다고 한다.

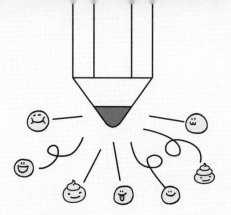

다섯째 마당

💩

글똥누기를
어떻게 활용할까?

1. 수업에 활용하기

글똥누기는 하루 일과로 굳이 따지자면, 아침에 수업을 하기 앞서 쓰는 글이다. 이 글똥누기를 수업에도 활용할 때가 많다. 수업은 학교에서 학생의 하루 일과 대부분을 차지하니, 자연스럽게 글똥누기를 수업에 적용해 볼 수 있다.

글똥누기를 수업에 활용할 때는, 갑자기 하는 수업이나 한 번 하는 수업에 글쓰기를 해야 할 때 글똥누기를 쓰기도 한다. 짧은 글쓰기 수업에도 글똥누기는 쓸모가 있다.

가. 글쓰기 지도

학생들이 쓴 글똥누기는 거의가 짧다. 그러다 보니 글 한 편을 갖추는 데 있어 빠진 구석이 많다. 말하자면 육하원칙에서 여러 요소가 빠진 글이다. 아이들 삶을 보기 위해서라면, 빠진 내용은 물어서 확인하면 된다. 이렇게 간단하고 짧은 글을 쓰는 글똥누기부터 시작해서 어느덧 자세하게 쓴 글을 만날 때면 반갑다.

자세하게 쓴 글에는 삶도 더 잘 드러나서, 나도 모르게 입꼬리가 올라간다. 저절로 칭찬하는 말이 나온다. 그래서 글똥누기를 읽어 줄 때 삶을 먼저 살피지만, 같은 삶을 담았다면 자세하게 쓴 글을 골라 읽는다.

ㄱ. 주고받은 말 살려 쓰기

주고받는 말, 대화는 우리 학생들 삶에 늘 함께 있다. 많은 학생들은 아침이면, "○○야, 일어나. 학교 가야지." 하는 부모님 말을 듣는다. 이때 아무 말 없이 벌떡 일어나는 학생도 있겠지만, "아, 조금만 더 자고." 하며 이불 밖으로 나오지 않는 학생도 있다. 물론 부모님은 또 다른 말로 깨울 것이다. 이렇게 우리 학생들은 아침에 일어나서 씻고 밥을 먹을 때도 누군가의 말을 듣는다. 학교 오는 길에서는 친구를 만난다. "안녕." 하는 인사부터 "오늘 뭐 할 거야?" 하는 놀 궁리까지도 서로 말을 주고받으며 한다.

우리 학생들이 쓰는 글에서 주고받는 말은 쉽게 만날 수 없지만, '주고받은 말을 살려 쓰기'는 이야기를 잘 드러낼 수 있는 좋은 방법이다. '자세하게 쓰기' 시간에 지도하는 방법 가운데 하나로 주고받은 말 살려 쓰기를 하면 참 좋다. 삶의 모습이 생생하게 살아 있어서 읽는 재미까지 있다.

> 형이 학교 가려는데 엄마가, "너 교복 입어야지 체육복을 입니?"
> "학교에 두고 왔어요."
> "교복을 학교 누고 오면 어쩌니? 네가 학생이니?"
> "다 그런단 말이에요."
> "어쨌든 내일은 가져와."
> 형은 대답도 하지 않고 학교에 갔다. 💩

이 글똥누기를 반 아이들에게 읽어 주고 함께 이야기를 나누었다.

"○○가 쓴 글똥누기인데, 어떤가요?"

"재밌어요."

"맞아요. 왜 재미가 있을까요?"

"엄마와 형이 다투는 게 잘 드러났어요."

"왜 그 모습이 잘 드러났을까요?"

"서로 하는 말이 다 있어요."

"네. 이럴 때 보통 '오늘 아침에 엄마와 형이 싸웠다.'고 쓰는데, ○○는 주고받은 말을 그대로 살려 써서 그래요. 엄마가 형에게 혼내는 내용, 형이 엄마에게 대꾸하는 내용이 주고받는 말 속에 다 드러나요. 말싸움하는 장면이 떠올라 듣는 우리가 조금은 긴장되기도 하죠. 여러분도 이런 때 주고받는 말을 넣어서 써 보세요."

(3/14) 짜증 나!
오늘 준비를 빨리 하고 가려고 하는데, 동생이 느릿느릿 "엄마~!" 그러고 느릿느릿 준비하고 내가 "빨리 준비해!"라고 몇 번 말해도 안 들어서 "나 혼자 갈 테니까, 알아서 해!" 💩

(3/29) 오늘 동생을 유치원에 데려다 놓고, 선생님께서 짧게 말씀을 하고 나서 "너 선생님이 누구셔?"라고 말하시고, 난 "이영근 선생님이요." 라고 말했다.
　선생님께서 "아~! 이영근 선생님 진짜 좋으신데…… 이영근 선생님 반이어서 좋겠네~" 나는 "네"라고 말하고 조금 있다가 "그럼 잘 가." "안녕히 계세요."라고 말하고 해울이하고 계단에 올라왔다. 💩

ㄴ. 자세하게 쓰기

(7/11) 나는 오늘 울었다. 왜냐면 나만 아침햇살 안 갔을까 봐. 아침햇살을 가고 싶었는데 못 가서. 💩

"○○, 아침햇살 못 나와서 울었군요."
"네."
"다음에 나오면 되니까 힘내요."
"네."
"이 글똥누기를 친구들에게 읽어 줘도 될까요?"
"네."
"고마워요. 친구들에게 읽어 주며 ○○에게 몇 가지 물을게요."
학생들에게 ○○가 쓴 글똥누기를 읽어 준다. 학생들도 아침햇살에 못 나왔다며 이런저런 말을 한다. "여러분, 이 글을 읽고 궁금한 거 없나요?" 하며 학생들에게 묻는다. "왜 못 나왔는지 궁금해요." 한다. ○○가 "어제 안 간다고 말하고 잤어요." 하며 답한다. "언제 울었나요?", "그래서 어떻게 했어요?" 하고 물으면 ○○가 대답한다. ○○에게 친구들이 물은 내용을 넣어서 다시 써 보자고 했다.

(7/11) 나는 오늘 일어나자마자 울었다. 8시라고 해서 내가 "엄마, 왜 아침햇살 못 가?" "네가 아침햇살 안 간다고 했잖아." "그건 내가 피곤해서 그랬지. 그래도 나 깨워야지." "피곤한 애를 어떻게 깨워." "아이 몰라."라고 한 뒤 밥 먹고 학교에 갔다. 💩

○○가 다시 쓴 글을 모두에게 읽어 주었다.

"자, 그럼 여러분도 글똥누기 수첩을 꺼내서 오늘 글똥누기를 ○○처럼 조금 더 자세하게 써 볼까요? 물론 오늘 글똥누기가 아니어도 괜찮아요. 어제 것도 좋아요."

✏️ 글똥 생각 나누기

글똥누기에서 글감과 내용 가져오기

글감을 떠올려야 할 때가 있고, 주어진 글감에 담을 내용을 떠올려야 할 때가 있다. 겪은 일을 글로 쓰기를 할 때면 글감(겪은 일)을 생각해야 한다.

학생들은 공부하다가 갑자기 주어진, '겪은 일'에서 마땅한 글감이 잘 떠오르지 않는다. 글감이 있어야 글을 쓸 수 있는데 말이다.

또 비슷한 상황으로 식구와 있었던 일, 친구와 놀았던 일 등 글감이 주어졌지만 글로 쓸 내용이 잘 떠오르지 않을 때가 있다. 이럴 때, 글똥누기는 좋은 참고 자료가 된다. 이제껏 쓴 글똥누기를 살피며 마땅한 글을 골라 주어진 상황에 맞게 다듬어 볼 수 있다.

나. 교과 시간에 활용하기

영근 샘 교육과정에는 '삶'이라는 말이 많이 나온다. 학생들과 '삶을 가꾸는 수업'을 목표로 삼기도 한다. 학생들과 '삶에서 실천하는 수업'을 과정으로 삼기도 한다. 학생들과 '삶에서 가져온 문제'를 내용으로 삼기도 한다.

'학생들 삶'을 교육과정에 녹여 내려면 어디에서 가져올 것인가? 학생들 사는 모습을 유심히 살펴 교육과정에 알맞은 삶을 가져올 수 있다. 글똥누기가 이런 구실을 한다. 학생들 글똥누기에는 삶이 고스란히 담겼기 때문이다.

ㄱ. 국어 – 문장부호 넣기

1학년 국어 시간에 학생들이 쓴 글똥누기를 교과서 대신 공부 자료로 했다. 왼쪽 '매를 벌어요 매를' 글똥누기를 보며 문장부호 넣는 공부를 할 수 있다. 오른쪽 '늦잠' 글똥누기를 보면 학생이 모든 글을 붙여써 놓았다. 이 글똥누기를 살펴보며 띄어쓰기 공부를 할 수 있다. 틀린 글자도 하나씩 바로잡는다.

물론 두 글 모두 좋은 글로 문집에 실으려고 고른 글이다. 교과서에 나오는 보기글보다는 친구들이 쓴 글로 공부하면 훨씬 더 정감이 가고 공부할 맛이 난다.

학생들과 함께 문집을 펴고 하나씩 고친다. 마침표로 온점을 찍고 큰따옴표도 찍는다. 틀린 맞춤법도 함께 고친다. 다 한 뒤 교실 큰 화면에

매를 벌어요 매를

늦잠

자기가 쓴 글똥누기는 좋은 국어 공부 자료가 된다.

서 함께 보며 확인한다. 이어서 문집에서 자기가 쓴 글을 찾아 고치게 한다. 이렇게 자기들이 쓴 글은 더없이 좋은 공부 자료가 된다. 자기가 쓴 글을 살피면서 다듬는 공부를 할 수 있고 다른 친구들이 쓴 글을 보면서 느끼고 배울 수 있다.

ㄴ. 도덕 – 우리는 친구

도덕 수업 가운데 학생들 관계 맺기와 관련한 수업이 있다. 〈우리는 친구〉라는 활동으로 친구들끼리 관계를 찾으며, 나와 네가 남남이 아니고 '우리'로 얽혀 있다는 것을 깨닫는 과정이다. 활동 과정은 다음과 같다.

- 전지나 칠판에 학생 모두의 이름을 적당한 거리를 두고 쓴다.
- 한 명씩 나와 관련 있는 친구에게 선을 긋는다.
- 그은 선 옆에 그 친구와의 관계를 쓴다.
- 자리에 돌아가서 그 친구와 관계를 조금 더 자세하게 쓴다.

(같은 방법으로 두 번 더 써서, 모두 세 번을 되풀이한다)

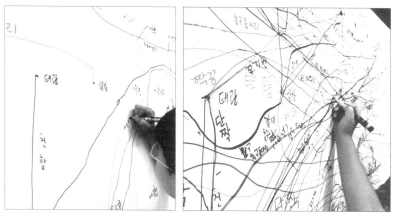

우리는 친구 수업시간 모습

한 학생마다 세 번씩 친구 이름이 적힌 곳으로 선을 그었다. 내 이름에서부터 선이 출발하고 나에게 선이 오기도 한다. 영근 샘도 이름을 써 두었다. 영근 샘 쪽으로 선을 긋는 학생도 있다. 많지는 않다. 영근 샘보다는 제 친구에게 가는 학생이 더 많다. 이렇게 아이들마다 세 번씩 선을 그으면 선은 금세 얽히고설킨다.

물론 할 때마다 그렇지는 않다. 세 번을 다 그었는데도 나만 친구들 이름으로 가고 내 이름으로 온 선이 없는 학생도 있다. 이때는 시간을 갖고서 친구 셋에게 선을 더 긋는다. 깨끗하던 칠판 또는 흰 종이가 선과 글로 꽉 찬다. 이제야 비로소 학생들 모두 서로 얽혀 있는 공동체라는 걸 느낀다.

이 활동은 칠판으로 할 수도 있지만 되도록 전지를 몇 장 붙여서 한다. 칠판에다 하면 바로 지우지 않고 조금 더 두는데, 나중에 수업을 해야 하니 지울 수밖에 없다. 전지에 했을 때는 그대로 떼어 내 교실 벽 한 곳에 붙인다. 학생들은 수업을 마치면 이름마다 이어진 선을 따라가 본

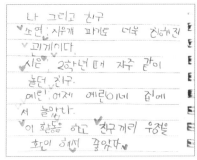

'우리는 친구' 활동 뒤에 쓴 글똥누기

다. 자기로부터 선이 이어진 친구, 친구로부터 자기에게로 온 선을 따라 가며 손가락을 움직인다.

이때 글똥누기는 생각을 정리하는 데 쓰인다. 학생 한 명씩 나온다. 나오기 전에는 누구에게 선을 그을 건지 생각한다. 자기 차례에 선을 긋고 어떤 관계인지 낱말로 쓴다.

"친구에게 선을 그은 학생은 글똥누기에 그 친구와 관계를 써 주세요."

학생들은 글똥누기 수첩에다 내가 그은 친구와 어떤 관계인지 조금 더 자세하게 쓴다. 모든 활동을 마쳤다.

"자, 우리 활동을 다 마쳤어요. 이 활동을 하면서, 그리고 앞에 있는 것을 보면서 여러분은 어떤 생각이 드나요? 잠깐 생각해 보세요. 그리고 그 생각을 글똥누기에 써 보세요."

ㄷ. 과학 – 조사 발표하기

우리 반은 한 해에 발표를 네 번 정도 한다. 이건 오랫동안 이어 오고 있는 우리 반 학급살이다. 여기서는 과목을 과학으로 한정했지만, 과학 뿐 아니라 사회, 국어 시간에도 발표한다. 그러니 조금 더 열린 생각으로 받아 주길 바란다. 우리 반 발표는 무대 경험이다. 남들 앞에 서서 자기 생각을 말하는 경험이다. 그렇기 때문에 학기마다 두 번씩, 모두 네 번 한다.

학생들이 발표할 때는 잘 들어야 한다. 듣기에는 네 단계(《초등 따뜻한 교실토론》, 이영근 글, 에듀니티)가 있는데 '보며 듣기, 쓰며 듣기, 대답하며 듣기, 질문하며 듣기'이다. 발표를 들을 때는 보며 듣기, 쓰며 듣기, 질문하며 듣기를 활용한다. 친구 발표를 듣다가 중요하다고 생각한 것을 글똥누기에 쓴다.

발표를 마치면 학생들은 발표한 학생에게 궁금한 것을 묻는다. 모두가 발표를 마치면 이제껏 학생들이 발표한 것을 정리하는 학습지를 나눈다. 이때 학생이 발표한 주제, 내용은 글똥누기를 보며 찾는다.

우리 반 발표에서는 발표 자료를 컴퓨터로만 만들지 않는다. 고학년은 컴퓨터로 만들기도 하지만 되도록이면 교실에 있는 도화지에 쓴다. 도화지에 발표 자료를 만드는 까닭은 교실에서 함께 만들 수 있기 때문이다. 게다가 도화지로 만든 결과물에는 학생들 모습이 보일 만큼 다 다른 모습이 나타나서 좋다. 컴퓨터로 만들 때면, 모르는 내용인데도 그대로 복사해서 붙여 넣을 때가 종종 있다.

참사랑땀 반의 발표 자료

참사랑땀 반 수업 시간에 발표하는 모습

　우리 반은 발표를 마치면 칭찬을 해 준다. "자, ○○가 발표 마쳤어요.
칭찬해 주세요." 하는 영근 샘 말에, 학생들은 손을 들고 친구가 잘한 것
을 말해 준다. '앞을 보고 했다', '준비를 잘했다', '목소리가 컸다' 들이 많
이 나온다.

　어느 해 세 번째 발표 때 일이다. ○○가 마지막으로 발표할 차례였다.
○○만 발표를 마치면 운동장에서 체육 하는데, ○○가 발표할 용기를 내
지 못한다. 조바심이 날 만도 한데, 친구들은 ○○가 발표할 때까지 기다
리겠다고 한다. "○○야, 괜찮아." 하며 응원한다. 체육을 못 해도 된다며
기다릴 테니 용기를 내라고 한다. 또 어떤 학생들은 이런 말도 너무 많이
하면 부담이라며 말을 그만하자고도 한다.

　고맙게도 ○○는 용기 내어 발표했다. 학생들은 어느 때보다 집중해서
듣고, 발표가 끝나고 나서 힘주어 칭찬했다.

(11/28) 제목 : 과학발표 | 날씨 : 햇빛

오늘 과학발표를 했다. 거기서 내가 떨려서 울었다. 그래도 잘해 냈다. 그래서 칭찬을 많이 받았고 엄마한테도 받았다. 그래서 내 기분이 뿌듯하고 좋아졌다. 그리고 엄마가 이야기했는데 카톡에서 내가 과학발표한 것을 칭찬한다. 💩

영근샘 '심장이 터지는 줄 알았다.'라며 한 학생이 일기에 발표를 마친 기분을 썼다. 학생들에게 발표는 이런 긴장과 부담을 준다. 잦은 발표를 하면서 긴장과 부담을 줄여 주고 익숙하게 하려고 발표 수업을 한다.

〈날 수 있는 동물〉을 발표한 ○○가 오래 기억에 남는다. 이 학생은 3학년으로 "발표할 사람?" 하고 물을 때마다 미루고 미뤘다. 발표 준비는 다 되었는데도 "다음에 할게요." 하고 순서를 미룬다. 모두가 발표하고 나서 마지막으로 발표할 때가 되니까 ○○는 앞에 나와서 눈물을 흘렸다. 결국 발표를 못 하고 말았다.

한 주를 보낸 뒤 ○○가 글똥누기를 위와 같이 써서 보여 줬다. "오늘 발표할 수 있겠니?" 하고 물으니 고개를 끄덕인다. 앞에 나와 선 ○○는 눈물을 잠깐 보였지만 용기 내어 발표를 마쳤고, 친구들은 정말 많은 칭찬을 쏟아 냈다. 그날 글똥누기에 스스로 칭찬하고 있다.

제목 : 바자회 소감

바자회를 여니 우리가 아주 싸게 팔았다. 그랬더니 친구들이 많이 사주었다. 마지막에 "100원!" 그러며 파는 것이 너무 웃기고 좋았다. 바자회라고 우리가 다 갖는 게 아니라 50퍼센트는 기부라서 좋다. 💩

> **영근샘** 5학년과 사회 수업으로 바자회를 열었다. 바자회를 열며 학생들과 '바자회 준비 위원회'를 꾸렸다. 바자회 준비 위원회가 세운 계획으로 바자회를 했다. 바자회 때 학생들은 물건을 준비해 팔았다. 아, 모두가 가짜 돈으로 했으니 실제로 판 것은 아니다. 이때 바자회를 마치고 글똥누기에 글 남겼다.

(4/19) 선생님이 오늘 아침에 크기가 같은 분수를 물어보셨을 때 뭐라고 물어보셨는지 몰라서 대답을 못 했는데 이제는 알 것 같다. 💩

> **영근샘** 이 글똥누기는 수업과 직접 관련이 없다. 이날 이 학생은 글똥누기를 아침에 쓰지 못하고 쉬는 시간에 가져왔다. 내용을 살펴보니 조금 전에 수업했던 이야기를 썼다. 수업 때 영근 샘이 묻는 말에 대답을 못 한 것이 마음에 걸렸던 모양이다. '이제는 알 것 같다'는 글을 읽고 엄지손가락을 세워 보여 줬다.

쪽지 시험

요즘은 평가 방법이 다양하다. 쪽지 시험은 많이 없어지긴 했다. 그럼에도 수업하다가 '이걸 알까?' 하는 생각이 들 때가 있다.

이럴 때는 "자, 글똥누기 수첩 꺼내세요." 하고서는 배운 내용을 묻는다.

학생들은 글똥누기에 쓰며 배운 것을 제대로 아는지 써 본다. 제대로 알 때 쓸 수 있고 말할 수 있다. 물론 모른다고 탓하지는 않는다.

① 크다 → 작다
② 세다 → 약하다
③ 많다 → 적다
④ 축하다 → 멋지다
⑤ 불행하다 → 행운하다 행복하다
⑥ 높다 → 낮다
⑦ 길다 → 짧다
⑧ 두껍다 → 가늘다. 얇다.

다. 받아쓰기를 글똥으로 바꾸다

저학년 교실에서는 글자를 익히는 방법으로 받아쓰기를 많이 한다. 참사랑땀 반도 다른 교실과 마찬가지로 받아쓰기를 했다. 그런데 그 이름이 받아쓰기가 아니라 '글똥'이었다. 이름만 다른 건 아니다. 그럼 뭐가 다를까?

보통 교실에서 받아쓰기 문제는 국어 교과서에서 뽑는다. 이렇게 문제를 뽑으면 쉬운 것에서 어려운 것으로 나눠 단계를 높여 간다. 일정한 때마다 받아쓰기를 하는데 하루 전날 받아쓰기 할 것을 알려 주기도 한다. 알려 주든 알려 주지 않든 받아쓰기 문제를 내고, 학생들은 받아

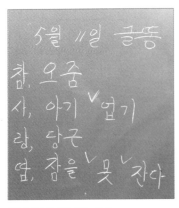
참사랑땀 반에서 하는 글똥

쓰기 공책에 받아쓴다. 흔히 열 문제를 내고 맞은 것에 10점을 곱해 백점 만점으로 점수를 낸다. 틀린 문제는 그 자리에서 다시 쓰며 익히거나 집에서 써 오도록 과제로 내주기도 한다.

참사랑땀 반에서는 받아쓰기를 '글똥'이라고 한다. 이름을 굳이 받아쓰기로 하지 않고 글똥으로 바꾼 데에는 그 까닭이 있다. 영근 샘이 초등학교 다닐 때도 받아쓰기는 있었고, 그것으로 점수를 따져 칭찬과 벌을 받는 게 싫었다. 받아쓰기 목적이 상벌이 아니라 글자를 익히는 것이라면 다른 방법이 있지 않을까, 궁리하다 찾아 낸 것이 '글똥'이다. '글똥'이라는 이름에서 알 수 있듯 이 말은 '글똥누기'에서 가져왔다.

우리 반은 받아쓰기 문제를 교과서가 아닌 글똥누기에서 뽑아낸다. 아침마다 학생들이 쓴 글똥누기 네 개를 준비해 뒀다가 같이 읽고서 이런저런 이야기를 나눈다. 그런 뒤에 그 글에서 문제를 하나씩 뽑아서 모두 네 문제를 낸다. 네 문제를 내는 데는 몇 가지 까닭이 있다. 우리 반 이름은 참사랑땀 반이다. 학급 이름에서 '참 문제, 사 문제, 랑 문제, 땀 문제' 이렇게 네 문제를 낸다. 또 학생이나 학부모 모두 열 문제를 내면 꼭 점수를 매긴다. 점수를 매기지 않아도 될 만큼 문제를 내고 싶었다. 아울러 초등학교 1학년 학생들이 하루에 익힐 수 있는 글자 양은 서너 개가 알맞다고 생각하기도 한다. 서너 개를 배우더라도 날마다 하면서 글자를 제대로 익히는 게 더 중요하니까 말이다.

영근 샘이 글똥누기를 하나 읽어 주고 이야기를 나눈다. 그러고 나서 학생들에게 "자, 글똥할게요." 말한 뒤, 칸 공책(1학년은 처음에는 칸 공책으로 시작한다)을 내고 번호 1 대신 '참'이라 쓴다.

이어서 다른 글똥누기를 읽고, '사'를 쓴다. 이렇게 받아쓰기를 네 문제 한다. 이를테면 "참 문제 낼게요. '오늘 참 날씨가 좋네. 이런 날은 나들이 가고 싶다.'에서 '나들이' 써 보세요." 한다.

이렇게 네 문제를 다 풀고 나면 영근 샘이 칠판에 올바르게 써 준다. 학생들은 공책에 맞고 틀리다는 표시를 하지 않는다. 맞았으면 그 옆에 두 번 더 바른 글씨로 연습한다. 틀린 학생은 틀린 것을 지우개로 지운 뒤 다시 고치고 그 옆에 똑같이 두 번 더 연습한다. 한 주를 마치는 금요일에는 새로운 글똥을 하지 않고 한 주 동안 했던 글똥을 다시 불러 주고 확인할 때도 있다.

글똥으로 삼을 글똥누기는 소개하고 싶은 좋은 내용이나 좋은 글을 고를 때가 많다. 학생들은 자기 글똥누기가 소개되는 것을 좋아한다. 물론 그러한 아이들 마음을 잘 헤아려서, 모든 학생들 글똥누기가 일정한 시기에 한 번이라도 소개되도록 하는 게 좋다. 아울러 학생들이 자주 틀리는 글자가 들어 있는 글똥누기를 골라 함께 쓰기도 한다.

글똥누기를 소개할 때는 영근 샘이 하기도 하고, 학생이 자기 글똥누기를 직접 읽기도 한다. "이거 영근 샘이 소개할까요? 아님 직접 읽을래요?" 하고 묻는다. 저학년은 직접 읽겠다는 학생이 많다. 저학년은 읽기 공부를 이제 막 시작할 때라 학생이 글똥누기를 읽었더라도 다른 학생이 잘 못 알아들을 때가 있다. 이때는 영근 샘이 다시 크게 읽어 주곤 한다.

아침 9시다.

"자, 이제 글똥누기 읽어 보고 글똥도 할게요. 글똥 공책 내세요."

학생들은 글똥 칸 공책을 꺼내 준비한다. 글똥을 처음 시작할 때만
해도 부모님께 들었던 받아쓰기인 줄 알고 문제 풀듯이 긴장하던 학생
들도 시간이 좀 지나니 부담이 사그라들었다. 그냥 '글똥'이 글자 연습이
라는 말을 받아들인다.

> 오늘 아침에 연못에서 형제끼리 싸웠다. 그리고 어떤 형아가 얼굴을 때
> 렸다. 눈을 때렸는데 동생이 울었다. 💩

"오늘 쓴 글 몇 개를 읽어 볼게요. 먼저 경륜이가 쓴 걸 읽어 볼게요.
먼저 이 글을 읽어도 좋다고 해 준 경륜이 고마워요. (글똥누기를 읽는
다.) 혹시 여러분도 이거 본 사람 있나요? (함께 오던 친구는 자기도 봤다고
한다.) 여기서는 무엇이 잘못인가요? (때리면 안 된다고 한다.) 자, 여러분
도 경륜이처럼 둘레에서 일어나는 일을 유심히 살피고 이렇게 글똥누
기로 쓰면 좋겠어요. 자, 이제 글똥 낼게요. '참'부터 부를게요."

참	.	형	제	끼	리		싸	웠	다.

> 가을이 오는 것 같다. 오늘 아침은 너무 추워서 가을이 오는 것 같다.
> 아침이면 햇빛이 있어야 하는데 구름이 해를 가렸다. 그리고 가을바람
> 이 쌩쌩 불었다. 추운 아침이었다. 💩

"영은이는 오늘 아침이 어제랑 달랐나 봐요. 그걸 느끼고 글똥누기로
썼어요. 영은이는 오늘 아침은 어떻게 다르다고 했죠? (학생 : 춥다?) 맞

아요. 나도 오늘 아침에 어제보다는 조금 시원하다고 여겼는데 영은이는 춥게 느꼈나 봐요. 이렇게 날씨를 써도 되고, 하늘을 유심히 살피고 글똥누기로 써도 좋아요. 혹시 여러분도 영은이처럼 춥다는 생각이 들었나요? (학생1 : 네. 추웠어요.) (학생2 : 아니요, 더웠는데요.) 그래요. 사람마다 느낌은 다 다르니까요. 이제 영은이 글에서 글똥 '사' 부를게요."

사	.	추	운		아	침	이	다	.

어제 영어 숙제 하다가 힘들어서 그만하려 그랬는데 엄마가 끝까지 하라고 그래서 다 해서 잘려고 했는데 듣기도 해야지. 그래서 했는데 자려고 그랬는데 이빨 닦아야지, 했다. 이빨 닦고 잘려고 했는데 약 먹어야지, 해서 약을 먹고 잤다. 💩

"경하는 어제 여러 일을 했어요. 뭐 했는지 말해 볼까요? (학생 : 영어 숙제, 듣기, 이 닦기, 약 먹기, 잠자기) 경하가 어젯밤에 집에서 겪은 여러 일을 글똥누기에 다 썼어요. 경하는 어땠을 것 같아요? (학생 : 힘들었을 것 같아요.) 경하 그랬나요? (경하 : 네.) 글똥누기를 보니 그럴 것 같아요. 만일 '어제 영어 숙제도 하고 잤다.'고 썼으면 힘든 게 드러나지 않았을 것 같아요. 날마다 겪는 일이지만 크게 한 가지만 쓰기보다 일어난 여러 가지 일들을 자게 쓰면 좋아요. 경하 글에서 글똥 '랑' 부를게요."

랑	.	약	을		먹	고		잤	다.

오늘 육교에 들어가려고 했는데 노오란 꽃이 보였다. 꽃이 노란색이고 왠지 마음에 들었다. 어떻게 생겼냐면 잎은 뽀족하고 줄기는 길쭉하고 꽃은 꽃잎이 뽀족뽀족하다. 💩

"이번에는 우리 채리가 쓴 거 볼게요. 뭘 봤나요? (학생 : 노란 꽃이요.) 여러분도 육교에 있는 이 꽃을 봤나요? (학생 : 네.) 혹시 그 꽃 이름이 뭔지 아나요? (……) 그 꽃 이름은 '금계국'이라 해요. 이렇게 써요. 이렇게 학교 오다가 본 것을 유심히 살펴보세요. 잎이 어떻다고 했어요? (학생 : 뽀족뽀족하다고 했어요.) 자, 그럼 '땀' 부를게요."

땀	.	잎	이		뽀	족	하	다	.

"선생님, ○○가 제 걸 봐요."

○○는 글을 잘 모르니, '뽀족하다'가 어려웠던 모양이다.

"아, 그래요. ○○가 어려웠나 봐요. 잘 모르는 친구는 어떻게 하기로 했죠? (학생 : 도와주기로 했어요.) 네. 그럴 때는 잘 모르는 글자를 좀 알려 주세요."

글똥은 백점을 맡기 위한 것도, 서로 누가 더 잘하는지 견주기 위한 것도 아니기 때문이다.

"자, 이제 다 썼나요?"

"네."

"그럼 칠판에 영근 샘이 써 줄게요."

참	.	형	제	끼	리		싸	웠	다.
사	.	추	운		아	침	이	다	.
랑	.	약	을		먹	고		잤	다.
땀	.	잎	이		뾰	족	하	다	.

"와, 맞았다!" 하는 학생들 소리가 들린다. 점수를 매기지 않지만 맞으면 기분이 좋다. 틀린 학생은 지우개를 꺼내고 틀린 글자를 지우고 다시 쓴다. 아직 글자를 잘 모르는 학생일수록 지우고 다시 쓸 게 많아 바쁘다. 이 정도는 애써야 성장이 이루어지니, 안타깝지만 해야 할 일이다.

"자, 그럼 이걸 모두가 세 번씩 더 써 보세요. 맞은 학생, 틀린 학생 모두 다 세 번씩 쓰는 거예요. 다 쓴 학생은 영근 샘에게 보여 주고 나서 책 읽어요. 아, 이건 글자 공부하는 것이니 정성껏 바르게 써 주세요. 픽픽 날려 쓰면 다시 써야 할 수 있어요."

2. 학급운영에 활용하기

　학급운영은 학급에서 일어나는 모든 일이라고 할 수 있다. 글똥누기도 학급운영의 하나다. 다른 학급운영을 조금 더 제대로 살릴 때 글똥누기를 쓴다. 글똥누기는 드러내고 싶은 마음이나 생각을 글로 쓸 수 있기 때문이다. 지나가 버리고 그저 사라질 수 있는 순간을 잘 붙잡아 글똥누기로 남길 수 있다.

가. 책 읽고 글로 남기기

　초등학생 때는 책을 읽는 게 참 좋다. 책을 읽으면 내가 사는 시공간을 벗어날 수 있다. 내가 생각하는 한계도 뛰어넘을 수 있다. 전혀 알지 못하는 새로운 것을 배울 수 있다. 이는 교육과정에 반영되어 국어에 '온작품 읽기'가 들어왔으며 국어 교과서 본문에도 여러 책에서 가져온 글들이 가득하다. 이와 함께 학급에서도 학생들이 책을 조금 더 가깝게 할 수 있도록 돕는 다양한 활동을 한다.

　참사랑땀 반에서도 책과 관련한 활동이 많다. 책을 읽고 독서 토론을 한다. 독서 토론은 책을 읽은 다음 책에서 토론 주제(논제)를 정해 찬성과 반대 처지에서 토론하는 것이다. 이때 토론하다가 글똥누기 공책에 메모를 하는 학생도 있다.

책을 가지고 바깥나들이도 한다. 날이 좋은 봄이나 가을에 읽고 싶은 책을 가지고 교실을 나와, 운동장 둘레나 학교 옆 공원에서 책을 읽는다. 좋은 날, 좋은 곳에서 좋아하는 친구와 함께 책을 보는 순간을 만들기 위해서다. 해마다 서너 번 이런 시간을 갖는데, 할 때마다 책에 정신을 쏟는 힘이 더욱더 커진다.

'심심책읽기'라는 활동을 꾸준하게 하고 있다. '심심책읽기'는 여름방학을 얼마쯤 앞두고 시작한다. 주말에 도전 과제로 '스마트폰 쓰지 않기'를 냈다. 많은 학생이 실패하고 말았는데 그 까닭이 심심함을 참지 못해서라고 말했다. 이때, "심심할 때 무엇을 할 수 있을까요?" 하며 물으면 '책 읽기'라는 대답이 여럿 나왔다. 이를 계기로 '심심책읽기'를 시작했다. 교실에서 날마다 일정한 시간 동안 '심심책읽기'로 책을 읽는다. 방학하는 날, 집에서도 심심할 때 책을 읽는 '심심책읽기'를 공통 과제로 낸다.

참사랑땀 반에서는 책 읽어 주기를 꾸준히 하고 있다. 가장 흔한 방법

나들이 책 읽기

심심책읽기 하는 모습

은 교육과정과 연계해서 읽어 주는 것이다. 꼭 교육과정과 연계되지 않더라도 책 읽을 수 있는 때(아침마다, 주에 한 번, 자투리 시간 따위)가 생기면 책을 읽어 주는 교실도 많다. 참사랑땀 반도 책을 읽어 줄 수 있는 시간을 꼭 마련한다.

책을 고를 때도 나눠서 읽을 수 있는 줄책(주로 고학년이 읽는 글밥이 많은 책)을 고르기도 하고 한 번에 다 읽을 수 있는 그림책을 고르기도 하는데, 참사랑땀 반에서는 학년에 구분 없이 그림책을 주로 고른다. 6월 한 달은《몽실언니》(권정생 글, 창비)를 꾸준하게 읽기도 한다.

그림책을 읽어 주는 방법도 여러 가지이다. 그림을 보여 주고 싶은 마음에 스캔을 해서 컴퓨터로 보여 주기도 하고, 실물화상기로 화면에 띄워서 읽기도 한다. 그런데 이렇게 하면 힘이 많이 들어 영근 샘은 계속 이어가기 어려웠다. 그래서 그다음부터는 그냥 읽어 준다. 학생들은 자기 자리에 앉은 채 있고, 영근 샘이 책을 가지고 여기저기 다니며 읽어 준다. 학생들이 그림을 궁금해하면 책을 들고 한 바퀴 돌며 보여 준다. 이렇게 읽어 준 책은 교실 앞 칠판에 세워 두고 학생들이 따로 읽을 수 있게 한다.

책을 읽고 나면 어떤 형식이든 글로 기록을 남긴다. 책 제목만 쓸 때도 있고, 독서록에 하고픈 말을 쓸 때도 있다. 이때 독서록이 준비되지

참사랑땀 반 스스로 책 읽기

참사랑땀 반 독서록

않았을 때 글똥누기 수첩을 쓰면 좋다.

"자, 여러분 글똥누기에 책 제목을 쓰고 하고 싶은 말 남기세요."

학생들은 글똥누기 수첩에다 하고픈 말을 쓴다. 이때 놀라운 사실은 "독서록에 쓰세요." 하면 부담을 갖는 학생들도 글똥누기에 써 보자는 말에는 쉽게 쓴다. 아마도 글똥누기 수첩은 대체로 작은 크기이고, 글똥누기를 쓸 때는 그 길이가 정해져 있지 않기 때문에 그런 것 같다. 아직도 많은 학생들이 시중에 파는 독서록을 쓰지만, 한편으로 그 공책은 채워야 할 양이 너무 많아 부담스러워한다. 그래서 우리 반은 '참사랑땀 반 독서록'을 3월부터 쓰지 않는다. 글똥누기에다 읽은 책에 대해 부담 없이 쓰면서 글쓰기에 좀 익숙해진 다음, 독서록에 기록을 남긴다.

> (3/2) **<강아지똥>** (권정생, 길벗어린이)
> 나는 강아지똥을 읽은 후 똥도 더럽기만 한 것이 아니라는 것을 알게 되었다. 그리고 똥도 쓸모가 있다는 것을 알게 되었다. 💩
>
> (9/7) **<몽실 언니>**
> 몽실이가 인공기가 아닌 태극기를 걸었을 때 긴장이 되었다. 죽을 수도 있었기 때문이다. 다행히 인민청년의 도움으로 다행히 빨리 바꿔서 다행이었다. 💩

영근 샘이 책을 읽어 주기만 하는 것은 아니다. 학생들 스스로 책 읽을 시간도 갖는다. 어떤 활동을 먼저 마친 학생은 영근 샘이 따로 무얼 하라고 얘기하지 않을 때는 책을 읽는다. 우리 반 약속이다. 학생들은 줄 책이든 그림책이든 읽고 싶은 책을 읽는다. 우리 반은 맨발 교실이라 자기 자리든 바닥이든 자유롭게 앉아 읽는다. 책을 다 읽으면 글똥누기나 독서록에 기록한다.

책을 읽고 나서 기록은 어떻게 할까? 참사랑땀 반은 항목이 일일이 나와 있는 독서록 공책을 쓰지 않는다. 독서록 공책의 틀에 학생들이 생각을 채워 넣게 하고 싶지 않기 때문이다. 그래서 줄 공책에 기록을 남긴다. 공책에 날짜와 읽은 책 또는 장이나 쪽수를 쓰고 하고 싶은 말을 쓴다. 분량이나 내용은 제한이 없다. 책을 읽고 나서 쓰고 싶은 만큼 쓸 뿐이다.

나. 이야기 듣고 쓰기

학생들은 책 읽어 주는 것을 무척 좋아한다. 책 읽어 주는 것보다 더 좋아하는 게 옛이야기를 '들려주는' 것이다. 물론 옛이야기도 그림책처럼 여러 종류로 나와 있어 학생들에게 책을 읽어 줄 수도 있다. 그럼에도 학생들에게 옛이야기는 꼭 들려줬으면 한다. 그 까닭은 책으로 읽어 줄 때는 읽어 주는 영근 샘 눈이 책으로 가지만, 이야기로 들려줄 때는 영근 샘 눈이 학생들에게 갈 수 있기 때문이다.

학생들에게 옛이야기를 들려주려고 마음먹은 것은 《옛이야기 들려주기》(서정오 글, 보리) 책을 읽은 뒤였다. 처음 옛이야기를 들려줄 때는 엄청난 용기가 필요했지만 학생들이 보여 준 반응은 정말 놀라웠다. 그때까지 학생들이 그렇게 집중하는 모습을 본 적이 없었다. 이때부터 옛이야기를 자신 있게 들려주기 시작했다.

처음 옛이야기를 시작할 때면 학생들에게 묻는다.

"옛이야기 들려주는 사람을 뭐라고 할까요?"

"(여러 대답 끝에)이야기꾼이요."

옛이야기를 들려줄 때 영근 샘은 스스로를 '이야기꾼'이라 한다. 학생들은 이야기꾼인 영근 샘이 하는 동작 하나 하나에 웃거나 마음 졸인다. 정말이지 옛이야기는 학생들이 듣는 모습을 보는 것만으로도 행복하고 계속할 힘이 생긴다. 그만큼 학생들이 좋아한다.

"이야기꾼은 먹고 사는 게 있어요. 이걸 먹어야 이야기를 더 신나게 해요."

학생들에게서 '손뼉, 환호, 사랑' 같은 여러 대답이 나오지만 영근 샘이 바라는 대답이 아니다. 그럴 때면 "그것도 다 맞지만, 여기 있는 이야기꾼은 이걸 먹고 살아요." 하며 손가락으로 영근 샘 눈을 가리킨다. 그러면 학생들도, "아, 눈빛이요." 하며 대답한다.

"자, 이야기꾼은 무엇을 먹고 산다고요?"

"눈빛!"

옛이야기를 좋아하지만 가끔 학생에 따라 집중이 흔들릴 때가 있다. 이때는 "이야기꾼은 무엇을 먹고 산다고 했죠?" 하면 학생들은 "눈빛!" 하고 대답하며 이야기꾼인 영근 샘에게 집중한다.

참사랑땀 반에서는 옛이야기를 한 달이나 두 달에 한 편 정도 들려준다. 옛이야기 한 자락을 들려줄 때는 보통 20분 남짓 시간이 걸린다. 옛이야기를 한 편을 읽어 줄 때면 영근 샘은 기운이 쏙 빠질 정도로 힘을 쏟고 학생들도 온 정신을 다 쏟는다. 이렇게 정성을 다한 옛이야기를 그대로 흘려보낼 수 없다.

"여러분, 지금 들은 옛이야기를 글똥누기로 써 보세요. 제목을 칠판에 써 줄게요."

학생들은 옛이야기를 어떻게든 글로 남기려고 들었던 내용을 생각하며 다시 한번 떠올린다. 무엇이든 한 번 듣거나 읽고 나서 시간이 지나면 쉽게 잊힐 수 있는데 이렇게 글로 남기면 무얼 쓸지 생각하면서 자기 것으로 만들 수 있다.

(5/30) 영근 신화(3. 물고기 잡이의 신)
선생님은 물고기를 잘 잡으시는 것 같다. 부럽다. 💩

> 영근샘   학생들은 영근 신화를 무척 좋아한다. 들려주는 이야기에서 가장 좋아한다. 사실 영근 신화는 영근 샘 어린 시절 이야기다. 지리산 자락 시골 마을에서 놀던 어린 영근이 이야기다. 영근 샘이 달마다 한 편 들려주면 학생들이 글똥누기에 남긴다.
> 영근 샘이 학생들과 헤어질 무렵 어린 영근이는 다시 평범한 영근 샘으로 돌아오며 수업을 마친다.

(3/3) 노래를 들으며
마음이 조금씩 편안해지고 기타 소리가 아름다웠다. 노래를 들으니 왠지 모를 기분이 느껴졌다. 💩

> 영근샘   참사랑땀 반에서는 노래를 날마다 부른다. 영근 샘이 기타를 치며 노래한다. 주마다 같은 노래를 두세 곡 불러 주는데 처음에 불러 줄 때는 학생들이 노랫말에 푹 빠질 수 있도록 눈을 감고 듣게 한다. 노래를 다 듣고 나서는 들었던 생각을 글똥누기에 쓴다. 노래를 부를 때마다 글똥누기를 쓰지는 않지만, 학생들 생각이 궁금할 때 글똥누기에 써 보게 한다.

<나 홀로 집에>(크리스 콜럼버스)

케빈이 가족들에게 너무 막말하고 함부로 한 것 같다. 가족들도 부정적이고 막말한 것도 맞다. 하필 배경이 크리스마스라는 것도 흥미롭고 새로운 것 같다. 나라면 집에 혼자 있는 건 상상도 못할 일이다. 특히 케빈처럼 용감하게 행동할 수도 없을 것이다. 💩

영근샘 교실에서 영화를 볼 때가 한 해에 네 번 정도 있다. 참사랑땀 반에서는 토론 관련 영화 〈P짱은 내 친구〉, 〈12인의 성난 사람들〉을 보고, 체육 시간에 〈맨발의 꿈〉을 보기도 한다. 겨울에는 〈나 홀로 집에〉를 보고, 책나래 펼치기 활동 때 책으로 읽은 뒤 같은 이름의 영화 〈마당을 나온 암탉〉이나 〈어린 왕자〉를 보기도 한다. 영화를 보고 난 뒤, 느끼고 생각한 점을 글똥누기에 기록한다.

다. 만남과 헤어짐

학생들과 3월 2일 첫날 만나면 첫 글똥누기를 쓴다. 첫 글똥누기는 아침에 쓸 수도 있고, 하루를 마치며 쓸 수도 있다. 아침에 쓰면 첫 만남으로 설레고 긴장한 마음이 많고, 첫날을 마치고 쓰면 설렘, 긴장과 함께 하루를 보낸 느낌이 글똥누기에 함께 드러난다.

(3/2) 첫날이다. 교실 안에 들어가기가 부끄러워서 안 들어가고 싶었는데, 들어갔다. 들어가 보니 좀 어색했다. 💩

> (3/2) 오늘 5학년이 되고 나서 첫 등굣길이다. 4학년 때 가던 아침 등굣길과는 다르게 기분이 색다르다. 5학년이 되고 난 아침은 조금 더 일찍 가서 미리 준비해야겠다. 💩

등교 첫날은 모두에게 가슴이 떨리는 날이다. 영근 샘도 마찬가지다. 2월 말까지는 교실에서 학생을 맞을 준비를 하며 떨리고, 3월 1일이면 다음 날이 설레면서도 긴장되기까지 한다. 담임선생도 이런데 학생은 오죽하겠나.

하루 전날 가방을 챙기며 설레고 두렵고 가슴이 뛴다. 첫날에는 유난히 아침 일찍 눈이 뜨인다. 학교 오는 길은 늘 같은 길인데도 다르게 보인다.

새 학년 우리 교실이 저만치 보인다. 학생마다 조금씩 다르겠지만 교실 문을 열거나 문을 넘어서 교실로 들어가는 마음이 보통 때와 조금 다르다. 어색하기도 하고 색다른 기분이 들 것이다. 이런 묘한 기분을 학생들이 글똥누기에 고스란히 썼다.

> (3/2) 오늘 첫날이다. 설레고 기대된다. 첫날 오자마자 모르는 친구들이 많았다. 다행히 내 짝은 아는 친구다. 친한 친구가 2반, 나는 6반. 너무 슬프다. 나는 사실 단짝이 2반이라는 소식을 알고 나서 하루 종일 울었다. 그런데 선생님 기타 실력이 대단하다. 근데 선생님 하니까 생각났다. 이지은 선생님…… 학교 끝나고 만나러 가야겠다. 💩
>
> (3/2) 오늘은 괴롭다. 계속 나를 놀리는 ○○와 같은 반이라 첫날부터 괴롭다. 💩

학생들에게 첫날 가장 설레는 사람은 다름 아닌 친구다. 새 학기 첫 날이면 친한 친구를 만나 함께 오는 학생들이 많다. 같이 걷던 친구가 같은 반이 되었으면 등굣길에 가졌던 기분 그대로 교실로 들어오겠지만, 그 친구와 반이 떨어졌다면 아쉽고 허전한 마음이 가득 든다.

학생들은 교실 문을 열며 '우리 반에는 누가 함께할까?' 하고 설레는 얼굴로 들어온다. 교실에 들어서며 먼저 온 학생들 얼굴을 살핀다. 아는 친구가 보이면 학생 표정은 금세 밝게 바뀌며 눈빛으로 반가운 인사를 나눈다. 친구에게로 걸어간다. 선생님이 정해 준 자리가 아직 없다면 그 친구와 짝을 지어 앉는다.

친구 관계가 모두 좋은 것만은 아니다. 이전 학년에서 서로 사이가 좋지 않았던 친구도 있기 마련이다. 운이 좋아 그 친구를 안 만날 수도 있다. 말 그대로 운에 맡겨야 하니 교실에 있는 모든 친구가 나와 친한 친구일 수 없다. 이렇게 반가운 마음, 아쉬운 첫 만남을 글똥누기에 쓰며 기뻐하고 걱정한다.

(3/4) 오늘 영근 선생님을 만났다. 선생님이 기타 치면서 노래를 들려주었다. 남자 샘은 처음이어서 조금 긴장했지만 생각과 달리 친절하게 대해 주었다. 내일도 기대된다. 💩

(3/2) 첫날 첫 만남
우리 오빠가 영근 샘은 진짜 좋다고 그 반이 되면 행운이라고 했는데 영근 샘 반이 되어서 좋았다. 친구들과도 친해지고 싶다. 💩

새 학년은 모든 것이 낯설고 새롭다. 담임선생님도 처음 만난다. 새 학년이 되어 모르는 친구도 있지만 그중에 아는 친구가 있기 마련이다. 그

런데 대체로 담임선생님은 새로 만난다. 한 해를 함께 보냈던 작년 담임 선생님이 보고 싶어서 찾아가 인사를 드리고 난 뒤 교실에 오는 학생도 있다.

담임선생님이 앞에 있다. 고개를 들어 곁눈질로 선생님 모습을 살핀다. 곧 선생님이 아이들 이름을 부르며 자기소개를 한다. 한 해를 어떻게 지내겠다는 말과 함께 학생들에게도 이런저런 것들을 묻는다.

"자, 글똥누기 한번 써 보세요." 하는 말에 선생님 모습이 퍼뜩 떠올라 선생님에 대해 쓴다.

> (10/7) 오늘 가은이가 전학을 간다. 마지막인 만큼 좋게 갈 수 있도록 노력해야겠다. 💩
>
> (5/18) 오늘 현승이가 전학 간다고 해서 멘붕이 되고 슬펐다. 막 기분이 이상했다. 💩

3월 첫날 만난 학생들과 끝까지 함께하는 게 좋지만, 바람과 달리 해마다 아쉽게 헤어질 때가 있다. 학생이 전학을 가는 경우이다. 한번은 전학 가는 학생의 마지막 날이었다. 짝이 친구가 전학 가서 아쉽다고 글똥누기에 써 왔다. '무엇을 하지?' 고민하다가 책꽂이에서 책을 한 권을 꺼냈다. 보통 영근 샘이 쓴 어린이책(《놀고 싶다》, 《이빨 뺀 날》, 《비교는 싫어!》) 가운데 한 권을 함께 읽는다.

"여기에 전학 가는 ○○에게 편지 써 주세요."

학생들에게 네임펜을 주며, 편지를 쓰게 한다. 학생들은 글똥누기를 쓰듯 책에 전학 가는 친구에게 하고 싶은 말을 쓴다.

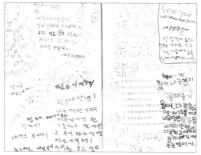
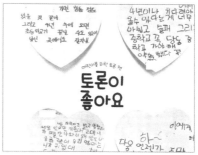

헤어지는 날, 학생을 위한 마음을 담는 시간

　점심시간에 밥을 먹을 때 ○○를 영근 샘 옆에 앉혔다. 영근 샘과 같이 밥을 먹는 밥친구이다. 날마다 한 명씩 돌아가며 밥친구를 하는데, 오늘은 전학 가는 ○○ 차례이다. 밥을 먹으며 이런저런 이야기를 나눈다.

　마지막 시간이다. ○○를 불러 영근 샘 옆에 서게 하고서 노래를 부른다. 학생들도 함께 노래한다. ○○는 잔뜩 긴장한 표정이면서도 아쉬움이 가득하다. 노래를 부르고는 ○○와 교실을 한 바퀴 돈다. “업어 줄까?” 하니, “목마, 목마, 목마.” 하는 학생들 반응에 ○○를 목마 하고 한 바퀴 돈다.

　학생들은 ○○에게 잘 가라고 말한다. 제자리에 왔을 때 친구들과 마지막 인사를 나눈다. ○○ 칭찬도 나오고 전학 가서 잘 지내라고 한다. 마지막으로 ○○도 우리 반 친구들에게 헤어지는 인사를 건넨다.

아침에 전학 가는 ○○에게 한마디씩 써 주자고 돌린 책을 선물로 건넸다. 친구들 모두가 하루 종일 돌아가며 썼다. 영근 샘도 한마디 썼다. 이 책이 헤어지는 날 마지막 선물이다.

친구들과 다 같이 사진을 찍었다. 이렇게 우리는 ○○가 새로운 곳에서 행복하길 바라며 헤어졌다.

✎ 글똥 생각 나누기

종업식

첫날 만남이 있다면 학급살이를 마치는 날도 오기 마련이다. 헤어지는 날 아침 글똥누기를 본다. 헤어지는 아쉬움, 헤어지는 시원함이 있다. 참사랑땀 반은 이렇게 첫날부터 헤어지는 날까지 날마다 글똥누기를 쓴다.

학급살이에는 여러 가지가 있을 수 있다. 이 가운데 글똥누기를 날마다 하는 까닭은 그만큼 학생들 삶을 가꾸는 데 꼭 필요하기 때문이다. 참사랑땀 반은 헤어지는 날 다 같이 빙 둘러앉아 헤어지는 이야기를 서로 나눈다. 영근 샘은 헤어지는 날에 어울리는 노래를 부른다. 다 같이 사진을 한 장 남기며 헤어지는 아쉬움을 달랜다.

18. 2 9. 금
오늘은 종업식이다.
이젠 정말 마지막이라서
슬프기도, 아쉽기도 하다.

라. 모둠 열고 닫기

참사랑땀 반은 모둠살이를 한다. 학생 넷이 한 모둠이 된다. 한 반에 스물네 명이면 여섯 모둠을 만들어 모둠마다 역할을 맡긴다. 모둠 역할에는 달에 한 번 신문을 내는 '신문 모둠', 학생들끼리 일어나는 작은 문제를 해결하는 '또래중재 모둠', 바깥나들이 때 뒤에서 안전을 책임지는 '나들이 모둠', 쉬는 시간과 점심시간에 친구들 놀이를 여는 '동아리 모둠', 교실 환경을 책임지는 '꾸미기 모둠', 교실에 있는 책으로 여러 행사를 여는 '책 모둠'이 있다.

학생들은 모둠살이로 한 해 동안 여러 번 모둠을 바꾸며 즐겁게 지낸다. 모둠을 새로 꾸릴 때는 이전에 같이 하던 모둠원들과 헤어지기도 한다. 헤어지고 만날 때 글똥누기를 활용한다.

모둠은 학생 수에 따라 활동하는 기간을 달리한다. 여섯 모둠이면 6주 간격으로 바꾼다. 월요일마다 모둠 전체가 교실에서 자리를 옮겨 간다. 그렇게 6주가 흐르면 처음 모둠을 하던 그 자리에 오게 되고, 학생들도 모둠을 바꿀 때가 되었다는 것을 안다. 학생들은 자리가 바뀔 무렵이면 글똥누기에다 자리를 바꿔야 한다고 쓴다.

> (4/30) 오늘 모둠을 바꾸는 날이어서 누구랑 같은 모둠이 될지 기대가 된다. 💩

모둠을 마칠 때는 그날 모둠을 돌아보는 시간을 갖는다. 학생들은 글똥누기를 꺼내 옆자리로 돌린다. 받은 친구는 자기 이름을 쓰고, 그 친구에게 하고 싶은 말을 쓴다. 함께 모둠을 하며 좋았던 점이나 아쉬운 점, 또는 바라는 점을 쓴다. 그리고 나서 다른 친구에게 넘겨 쓰는 과정을 되풀이한다. 마지막에는 자기 글똥누기를 돌려받는다. 친구들이 자기한테 쓴 글을 읽고, 다음 모임에 가면 어떻게 할 것인지 돌아본다.

(5/9) 모둠을 마치며(형종)
신예은 : 모둠 활동도 열심히 하고 무엇보다 청소를 빠짐없이 성실하게 해서 좋았어. 다른 모둠에 가도 그렇게 청소 열심히 해.
문영기 : 형종이는 모둠 활동을 잘하고 이 모둠의 리더가 되어 줘서 고마워.
영경 : 빠릿빠릿 💩

모둠을 꾸릴 때는 임의로 정한다. 학생들은 내가 어느 모둠이 될지 궁금해서 눈이 동그랗다. 네 명이 한 모둠이다. 모둠이 정해지면 학생들은 자리를 옮긴 다음, 새롭게 만난 모둠원과 인사를 나눈다. 영근 샘이 컴퓨터로 학생 이름을 모둠별로 하나씩 뽑는다. 뽑힌 학생은 자기 모둠의 역할을 선택할 수 있다. 학생들은 나들이 모둠이나 동아리 모둠, 또래중재 모둠을 좋아한다. 모든 모둠에 역할이 생기면 모둠살이 계획을 세운다. 모둠원들은 서로 머리를 맞대며 어떻게 모둠을 꾸릴지 이야기를 나눈다.

(계획 세우기) 공기 동아리
순서 : 예진, 현승, 호연, 승재
선물 : 마이쮸 사탕
우리 반 동아리 : 공기 동아리, 상자 속 물건 맞히기 동아리, 도미노 동아리, 초성 맞히기 동아리 💩

(4/5) 제3회 모둠 회의

문집 활동은 잘 진행되고 있으며 각자 열심히 해 내고 있다.

<목표> 다른 사람이 내 자리에 앉지 않기 💩

자기들이 세운 계획은 글똥누기 수첩에다 정리한다. 그러고는 에이포(A4) 크기 종이에 계획을 정리하고 꾸며서 다른 학생들이 볼 수 있게 안내한다. 이렇게 새로 꾸린 모둠살이를 시작한다. 모둠살이 계획을 한 번 세웠다고 끝은 아니다. 살아가고 돌아보며 반성하고 계획을 다듬거나 새로운 계획을 세운다.

우리 반에는 또래중재 모둠이 있다. 학생들끼리 생긴 문제를 또래중재 신고함에 신고하면 또래중재 모둠에서 스스로 문제를 해결한다. 학생들이 스스로 해결하면 생각보다 많은 문제가 아주 쉽게 풀린다. 잘 풀리지 않는 문제는 학급회의를 열거나 영근 샘에게 가져오기도 한다. 또래중재 모둠은 기록을 돌아가며 하고 그 기록을 글똥누기 수첩에 쓴다.

또래중재 결과 기록하기

마. 학급살이

한 해 동안 여러 학급살이를 하며 산다. 참사랑땀 반의 하루 일과를 살펴보면 만남, 글똥누기, 밥친구, 알림장, 일기 쓰기처럼 날마다 하는 게 있다. 한편 주말 이야기, 희망의 노래, 토론, 기타 동아리, 학급회의 같은 활동은 주마다 정해진 요일에 하고 있다. 달마다 하는 활동(생일잔치, 영근 신화)이 있고, 한 해 중 특별한 때에 하는 활동도 있다. 이런 활동을 할 때면 글똥누기에 그 활동을 마치는 글을 쓴다. 있었던 일을 간단하게 글로 정리하기도 하고 그 활동을 하는 동안 들었던 생각을 쓰기도 한다.

ㄱ. 학급임원

학급임원은 반장, 회장 같은 역할을 맡아 한다. 요즘은 학급임원을 뽑지 않는 반도 있지만 아직도 많은 교실에서 회장, 부회장 정도는 두고 있다. 학급임원을 뽑을 때도 반마다 다른 빛깔을 조금씩 살릴 수 있는데 참사랑땀 반에서는 토론회를 연다. 임원 선거를 며칠 앞두고 국어 시간

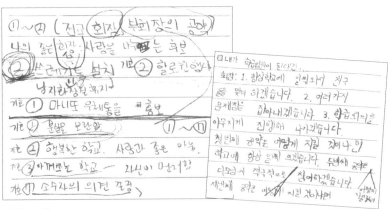

공약문 쓰기

에 모든 학생들과 함께 공약문을 쓴다. 이때 공책이 준비되지 않았다면 글똥누기 수첩에 쓸 수 있다.

임원 선거 날 토론회 때는 후보들이 내세우는 공약을 글똥누기에 간단하게 기록하며 듣고, '유권자 질문' 시간에 질문을 쓰기도 한다. 전교임원 선거 때도 후보자들이 내세우는 공약을 글똥누기에 쓰면서 듣는다.

ㄴ. 주말 이야기

월요일 아침마다 주말을 보낸 이야기를 발표한다. 주말 이야기를 처음할 때 글똥누기를 활용해 발표할 내용을 간단히 적도록 한다. 학생들은 자기들이 주말에 겪은 일을 떠올리며 친구들에게 발표할 내용을 글똥누기에 쓴다. 발표하는 게 익숙해져서 생각한 것을 그대로 말할 수 있게 되면 더 이상 쓰지 않아도 된다.

참고로 주말 이야기는 의자를 디귿 자 모양이나 동그란 모양으로 돌려 앉아 서로 얼굴을 보며 한다. 보통 학급임원이 앞으로 나와서 진행하고 학생 한 명씩 돌아가며 자기 주말 이야기를 한다.

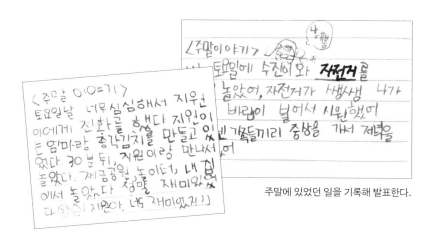

주말에 있었던 일을 기록해 발표한다.

참사랑땀 반에서는 발표 차례를 따로 정하지 않고 발표하고 싶은 학생이 먼저 한다. 주말 이야기를 하며 발표력도 기르고 서로 삶을 나누며 조금 더 서로를 알아 갈 수 있다.

ㄷ. 방학 이야기

학교에는 여름방학과 겨울방학이 있다. 방학을 마치고 개학하는 날 학생들과 방학에 있었던 일을 나누는 방법은 여러 가지다. 방학에 한 과제나 결과물을 교실 한쪽에 전시하고 서로 감상하며 칭찬하기도 하고, 미술 시간에 방학 때 겪은 일을 그림으로 그리거나 국어 시간에 방학에 있었던 일을 글로 쓰기도 한다.

방학에 있었던 일을 발표하는 것은 가장 쉽게 학생들과 방학 이야기를 나눌 수 있는 방법이다. 학생들이 방학에 있었던 일을 발표하는 방법은 주말 이야기를 발표할 때와 같다. 이때 발표할 내용을 글똥누기에 쓰게 한다.

방학 때 있었던 일을 글똥누기에 기록한다.

ㄹ. 학급회의

많은 선생님들이 학급회의가 필요하다고 생각하기 때문에, 학급살이에서 학급회의는 꼭 있기 마련이다. 학급회의는 일정 기간 동안의 학급살이를 학생들이 스스로 돌아보는 시간이므로 할 만한 가치가 있다.

반마다 학급회의를 하는 시간이나 회의 방법은 다 다르다. 참사랑땀반은 금요일마다 한 시간씩 학급회의를 한다. 학급회의 방법은 '좋아바 학급회의'로 한다. 학급 회장 진행으로 한 주 동안 '좋았던 것, 아쉬운 것'을 말한다. 우리 반이나 학교에 '바라는 것'도 말한다. 이렇게 나온 의견 가운데 몇몇 주제는 조금 더 깊게 이야기 나누기도 한다. 학생들 스스로 돌아본 학급살이는 다음 주 학급살이에 더 큰 힘을 준다. 이를 활용해 한 학기 또는 한 해를 마치며 '좋아바'를 할 수 있다.

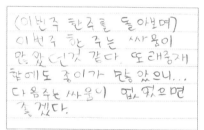

학급회의에 발표할 내용 쓰기

ㅁ. 돌아보기

학기에 한 번이거나 한 해를 마치며 '우리 반 10대 사건'이라는 이름으로 우리가 살아온 것을 돌아본다. 한 해 동안 우리 반에 있었던 일을 떠오르는 만큼 글똥누기에 쓰게 한 뒤 열 가지를 고르게 한다. 학생마다 고른 열 가지가 다 다르다.

참사랑땀 밤 10대 사건

좋아하는 노래 기록

학생마다 돌아가며 하나씩 골라 발표한다. 발표한 내용을 칠판에 쓰고 같은 것을 쓴 학생들에게 손을 들게 한다. 그 수를 세어 그 활동 옆에 쓴다. 이를테면 우리 반 학생 열여덟 명이 아침햇살을 썼다면, 아침햇살(18)로 표시한다. 이렇게 한 명씩 돌아가며 발표하면, 인상 깊은 사건이 적게는 50개에서 많게는 100개까지 나온다.

참사랑땀 반 학생들은 영근 샘의 기타 반주에 맞추어 주마다 두세 곡씩 노래한다. 이렇게 한 해 동안 부르는 노래가 100곡 정도 되는데 이 가운데 학생들이 좋아하는 노래도 글똥누기에 쓰게 한 뒤 어떤 곡이 많이 나왔는지 손을 들어 확인하기도 한다.

3. 문집으로 엮기

　문집은 학급살이의 꽃이라 할 수 있다. 우리 반은 학기에 두 번 또는 한 해에 한 번 문집을 책으로 엮는다. 2004년 참사랑땀 6기에 처음 만들기 시작해서 지금까지 이어 오고 있다.

참사랑땀 반 문집

문집에는 무엇을 실을 수 있을까? 학급마다 다 다르겠지만 참사랑땀 반에서는 일기, 글똥누기, 수업 결과물, 사진, 영근 샘 편지(금요일마다 보내는 쪽지 편지)가 들어가며, 학부모 편지, 학생들 말말말, 모둠 일기, 학급 일기도 담는다. 이 가운데 글똥누기와 일기는 꼭 들어간다. 지금부터 글똥누기를 문집에 담는 방법을 소개하겠다.

가. 고르기

학생들에게 글똥누기를 고르게 한다. 자기 글이니 문집에 실을 글똥누기도 스스로 고른다. 학급 문집이지만 출판이라 할 수 있고, 문집에 실리는 작품은 학생이 고르는 게 맞다.

글 수는 달에 두세 편씩 고른다. 더 많은 글똥누기를 골라 실을 수도 있다. 이는 문집의 크기, 문집에 실을 글똥누기의 양, 학생들이 글을 쓸 수 있는 힘에 따라 학급에서 결정한다. 참사랑땀 반에서는 문집을 200쪽 안팎으로 하고, 학생마다 한두 쪽씩 글똥누기를 싣는다.

문집에 실을 글똥누기를 고르는 아이들

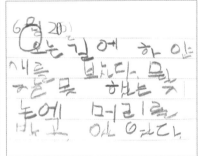

문집에 실을 것으로 표시한 글똥누기

글똥누기는 기본으로 학생 스스로 고르지만, 선생님 도움이 필요할 때가 있다. 보통 때 글똥누기를 읽다가 '아, 이 글똥누기는 문집에 실으면 좋겠다.' 하는 글이 보일 때가 있다. 이때, "이 글똥누기는 문집에 실으면 좋겠어요." 하고 말해 준다. 학생도 고개를 끄덕이면, 그 글똥누기에 표시를 해 주기도 한다. 그러면 학생들이 문집에 실을 글똥누기를 고를 때, 표시가 있는 글똥누기를 빠트리지 않고 골라 싣는다. "선생님, 잘 못 고르겠어요." 하는 학생이 많다. 이럴 때 선생님이 골라 주는 즐거움이 있다.

나. 쓰기

문집에 글똥누기를 담을 때는 주로 손글씨로 쓴다. 코로나19로 학생들을 만나지 못할 때는 컴퓨터 문서 파일로 받아서 담기도 했지만, 이런 부득이한 상황이 아니라면 글똥누기는 손글씨로 쓴다. 손글씨로 쓴 글똥누기를 문집에 담을 때는 조심할 점이 많다. 번거로울 때도 있지만, 앞서 살핀 대로 손글씨가 주는 힘이 커 이제껏 지켜 가고 있다.

학생들 손글씨가 인쇄되어 나오기 때문에 연필로 쓰면 흐려서 잘 보이지 않는다. 그래서 연필보다는 진하게 나오는 펜이 좋은데, 참사랑땀 반에서는 플러스펜으로 쓴다. 단, 플러스펜은 볼펜 물이 잘 번지기 때문에 손으로 볼펜 심을 만지지 않고 손에 물이나 침을 묻히지 않도록 신경 써야 한다.

문집에다 손글씨로 글을 쓸 때는 플러스펜으로 쓴다.

학생들이 손글씨를 쓸 때 틀이 있는 에이포 종이를 나눠 준다. 이때 그 틀은 줄공책과 다르지 않다. 옅은 선을 여러 개 그어서 출력한 종이를 학생에게 한 장씩 나눠 주고 자기 것을 날짜 순으로 쓰게 한다. 이때 종이 양쪽 끝 가장자리도 조금 비워 둬야 한다. 가장자리를 비워 두지 않고 쓰면 인쇄할 때 글자가 잘릴 수 있기 때문이다.

글을 쓸 때 학생마다 자기가 즐겨 쓰는 글자 크기가 다르다. 너무 작게 쓴 학생한테는 인쇄했을 때 읽기 힘들 수 있다고 일러 주고, 너무 크게 쓴 학생한테는 줄을 벗어나지 않도록 주의하라고 말해 준다. 이보다 더 중요한 것이 있다. 다름 아닌 '정성'이다. 참사랑땀 발자취(우리 반 문집 이름) 뒷장에는 '이 문집은 세상에 한 권밖에 없어요. 잘 챙기세요.' 하는 말을 써 놓았다. 이처럼 문집은 이 세상에 한 권밖에 없는 소중한 책이기 때문에 정성을 가득 담아야 한다고 일러 준다.

정은형
(3/27) 오늘 언니가 아는 신기한 길로 왔다. 나는 가보지 못한 길이었다. 신기했다.
(3/28) 오늘 아침에 집에서 계란말이를 먹었다. 따뜻하고 맛있었다. 다음에도 먹고싶다.
(3/29) 오늘 아침에 학교와서 현서랑 경배가 웃긴 표정 하며 노는 걸 봤다. 웃겼다.
(4/2) 오늘 아침에 뛰어왔다. 덥다. 나중에 산수유를 봤다.
(4/8) 오늘 오다가 벚꽃을 봤다. 개나리꽃도 봤다. 복숭아꽃 같은 것도 봤다. 모두 예뻤다.
(4/10) 오늘 아침에 아빠가 배추국을 끓여주셨다. 배추국을 너무 많이 먹어서 배부르다.
(5/1) 오늘 아침에 오다가 대야초등학교 앞 횡단보도에서 새를 봤다. 흰색 새였다. 신기했다.
(5/17) 오늘 아침에 우리 교실에서 자라를 봤다. 기어 있는데 냄새가 났다. 귀엽다.
(5/20) 오늘 아침에 새 둘이 짝짓기 하는 걸 봤다. 한 마리는 싫다고 도망가고 또 한 마리는 계속 쫓아갔다. 짝짓기 하려는 걸 봐서 기분이 좋았다.
(6/6) 오늘 아침에 일등으로 학교에 왔다. 일등으로 와서 좋

문집은 세상에 한 권밖에 없는
책이기에 정성을 다해 쓴다.

다. 편집하기

학생들이 쓴 글똥누기를 책으로 엮을 때는 스캔해서 파일로 담는다. 파일로 묶는 게 어려울 때는 인쇄소에 쓴 종이를 그대로 보내서 엮어 달라고 할 수도 있다. 문집 크기는 비파이브(B5) 종이 크기로 만든다. 글똥누기를 쓸 때는 그 종이를 여기에 꼭 맞출 필요는 없다.

글똥누기를 쓴 종이는 에이포 크기지만, 스캔해서 에이포 크기로 파일을 만들어도 인쇄소에서 비파이브 크기로 축소해서 인쇄한다.

편집할 때 가장 유의해야 할 점은 모든 학생 글똥누기가 다 실렸는지를 살피는 일이다. 책으로 만들어져 나온 뒤 빠진 학생이 있다는 걸 알고는 학생에게 미안해서 고개를 들지 못하기도 했다.

라. 살펴보기

참사랑땀 반 교실에는 책이 많은 편이다. 책꽂이 한쪽 칸에는 이제껏 만들어 온 문집만 꽂혀 있다. 학생들 가운데 문집을 즐겨 보는 학생들이 있다. 이 학생들이 문집을 살펴보는 모습을 유심히 보고 있으면 재미있으면서도 놀랍다. 문집은 보통 읽는 학생이 전혀 모르는 사람들이 쓴 것이다. 문집을 보는 학생은 글 속에 나오는 사람이 누구인지 전혀 모른다. 또 다른 곳과 다른 때에 나와 다른 사람들이 겪은 일들을 담아낸 문집이다. 그런데도 문집을 한 번 잡고 읽기 시작한 학생은 쉽게 놓지 않는다. 뭐가 재미있는지 유심히 보고 자기 혼자서 웃기도 한다.

가끔은 영근 샘에게 문집을 보여 주며 글쓴이가 누군지 묻기도 한다.

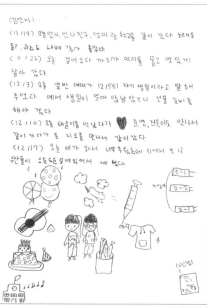

(김언지)

(11/19) 오늘 언니, 언니친구, 엄마 랑 학교를 같이 갔다 노래도
듣고, 귀도 내껴 가니 좋았다.

(11/22) 오늘 걸어오다 까치가 먹이를 물고 멋있게
날아 갔다.

(12/3) 오늘 옆반 예서가 12/5이 자기 생일이라고 말 해
주었다 예서 생일이 얼마 안 남았으니 선물 겸비를
해야 겠다.

(12/10) 오늘 태윤이를 만날다가 ♥ 준영,전욱이도 안나서
같이 가다가 또 지오를 만나서 같이 갔다.

(12/17) 오늘 비가 와서 너무 추웠는데 위에서 보니
윗들이 오늘 58 모여있어서 예 쌨다.

(김태윤)

(8/27) 오늘 아침에 된장죽을 먹었다. 맛 있었다. 구수했다.

(9/3) 오늘 아침에 태권이포도를 먹었다. 시원할 줄마다.

(9/16) 오늘 아침에 엄산 한마리로 왔다. 멋 있어 보였다.

(9/18) 오늘 아침에 현우를 만났다. 같이 걸어왔다.

(10/7) 오늘 오다가 5치를 봤다. 색깔이 예 쁘다.

(10/8) 오늘 아침에 묵이 버섯을먹었다.

(10/15) 오늘 학교 올때 뛰고있었는데, 다리가 삐였다. 아프다.

(11/1) 오늘 아침에 세 대 앙상을 봤다. 멋있다. 하지만 둘이어서
아쉽다.

(11/5) 오늘 아침에 주먹밥을먹었다. 맛 있었다.

(11/8) 오늘 아침에 마음 햇 쌀을 먹었다. 좋아, 이도다.

(12/5) 오늘 크리스마스 에 기관 사자 기장 빨러주는게 기대된다.

(12/10) 오늘 아 침에 다호를 봤다. 반 갑다.

(12/17) 오늘 아침에 발표 재료를 갖 고왔다. 기대된다.

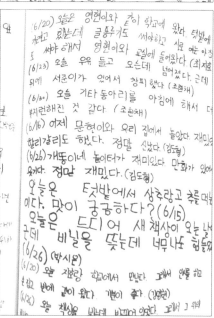

문집에 실린 글똥누기들

특히 글똥누기가 가장 인기 있다. 이 인기는 어느 학년이든 한결같다. 처음에는 사진이 눈에 띄어 먼저 보지만 곧 학생들은 글똥누기를 유심히 읽는다. 글똥누기를 왜 보는지 물으면, 재미있다고 한다. 문집에 실리는 일기는 컴퓨터 타자라 내용은 달라도 글자 모양은 다 같은데 글똥누기는 글자 모양이 다 다르게 실려 있어서 더 학생들 눈길을 끈다.

4. 원격 수업 글똥누기

우리는 하루하루를 살아간다. 그러다가 크고 작은 문제를 만나고 풀어낸다. 이렇듯 삶은 문제 해결의 연속이라고 할 수 있다. 그런데 어떤 때는 도대체 어떻게 해야 할지조차 감이 안 잡히는 큰 문제에 부딪히기도 한다.

2020년 1월, 상상도 하지 못한, 예측할 수 없는 일을 만났다. 바로 코로나19 팬데믹이다. 여느 곳들과 마찬가지로, 학교도 갑작스럽고 혼란스러운 상황에 놓였다.

글똥누기는 '삶과 생각을 담는 도구'이다. 학교를 갈 수 없는 처지지만 일상은 있다. 삶이 있고 생각이 있다. 영근 샘도 하루하루 그 생각을 글똥누기로 담는다.

'다시 일상으로 돌아갈 준비를 계속해야 해.'

큰 문제라 끝이 안 보이지만 일상은 돌아온다. 다시 만날 일상은 많은 것이 바뀔 것이다. 그럼에도 그대로 지켜 가야 할 게 있다. 글똥누기도 그 가운데 하나다.

가. 낯선 세상, 원격 수업을 만나다

2020년 우리는 새로운 세상을 만났다. 코로나19가 뒤덮은 우리 세상은 그 이전과 완전히 다른 세상이었다. 학교도 마찬가지였다. 혼돈, 혼란, 갈팡질팡 그 자체였다. 늘 오던 학교 문이 닫히고, 학생들은 집 밖을 나올 수 없었다.

우리는 살길을 찾아야 했다. 교실이 아닌 네모난 컴퓨터나 스마트폰에서 선생님과 학생들이 만난다. 선생님은 수업 영상이나 자료를 만들어 학생들에게 보내 주고, 학생들은 집에서 영상을 보고 과제를 푼다. 처음이라 힘들고 시행착오를 많이 겪지만 우리는 포기하지 않고 이렇게 첫길을 열었다. 그 첫길이 바로 원격 수업이었다.

원격 수업을 하니 학생들을 직접 만날 수 없다. 컴퓨터 영상으로 배울 내용을 전달만 하는 처지가 되어 두 가지를 고민했다.

'학생들과 관계를 어떻게 쌓을 것인가?'

'교실에서 날마다 하던 것은 해야 하지 않을까?'

고민을 풀어 나가기 위해 두 가지 실천을 했다.

첫 번째로는 원격 수업을 시작하며 관계를 쌓기 위해 학생들에게 날마다 전화로 만났다. 원격 수업을 하는 날마다 아침에 라이브 방송으로

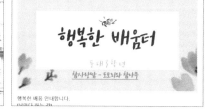

참사랑땀 반의 원격 수업

만나 삶을 나누고 그날그날 배울 것들을 안내했다. 하루를 즐겁게 시작하길 바라며 노래도 불렀다.

　두 번째로 원격 수업을 하는 동안에도 날마다 하던 활동을 하게 했다. 우리 반에서 날마다 하는 것은 '글똥누기', '일기 쓰기', '책 읽기'다. 원격 수업을 할 때마다 글똥누기와 일기를 쓰게 했고, 함께 읽을 책 양을 정해 알려 줬다.

나. 글똥누기를 시작하다

　학교에서 코로나19 상황을 아이들과 헤쳐 나가기 위해 어렵게 찾은 길이 원격 수업이었고, 2020년 4월 말이 되어서야 시작할 수 있었다.

　4월 중순 교과서를 나누어 줄 때 글똥누기를 쓸 수 있는 칸을 담은 배움책을 같이 주었다. 모든 것이 낯선 학생들에게 글똥누기는 더 낯설다. 그러니 글똥누기 쓰는 방법을 더욱더 차근차근 알려 줘야 했다. 교실이라면 칠판에 쓰며 설명하고 학생들 사이를 돌아다니며 도와주면 되는데 원격으로 해야 하니 영상을 찍을 수밖에 없었다.

　영상으로 글똥누기 쓰는 방법과 내용을 안내했다. 학생들은 영상을 보고 난 뒤 쓴 글똥누기를 찍어서 보여 주기도 했다. 원격 수업을 할 때 과제는 사진을 찍어 원격 수업 때 올려야만 하는데 글똥누기까지 찍어 올리는 학생들이 있었다.

　직접 만나는 교실이라면

4/20) 이영근 선생님이 보고 싶다.
4/21) 학교에 가고 싶다. 왜냐하면 집에서만 있으니까 심심하기 때문이다. 친구들이 너무 너무 보고 싶다.

아침에 학생들하고 글똥누기를 함께 쓰면서 학생의 삶을 엿볼 수 있었다. 하지만 원격으로 할 때는 그렇게 할 수 없는 제한된 상황이었다. 그래도 아침에 한 줄 글을 쓰며 제 삶을 가꾸길 바랐다. 그렇게 학생들은 원격 수업을 하는 날에도 글똥누기를 썼다.

2020년 3월부터 5월까지 석 달 동안 원격 수업을 해 학생들이 처음으로 학교에 온 날이 6월 초였다. 참사랑땀 반은 3학년이라 6월 3일에 처음 학생들을 만났다. 학교에서 첫날 첫 만남이 석 달이나 밀린 학생들이다. 오랜만에 만나는 학생들 표정에 긴장이 가득했다. 떠들고 놀아야 할 학생들은 제자리에 앉아만 있다. 코로나가 무섭고 화가 날 만큼 싫은 까닭은 바로 학생들의 이러한 모습을 보게 되기 때문이다. 학생들에게 글똥누기를 써서 보여 달라고 했다. 학교에 와서 설레고 좋지만 친구들과 마음껏 뛰어놀지 못하는 아쉬움도 있다.

(6/3) 불안하다. 💩

(6/3) 오늘 학교에 오랜만에 왔다. 좀 떨렸다. 💩

(6/3) 아~ 학교에 오니까 너무 좋다. 💩

(6/4) 코로나가 빨리 없어졌으면 좋겠다. 그러면…… 친구들이랑 운동장에서 놀 텐데……. 💩

참사랑땀 반 아이들을 포함해 3학년 학생들이 6월 3일 처음 학교에 나온 이후, 사흘 동안 이어 등교했다. 사흘 뒤에는 다시 원격 수업으로 바뀌어 주에 하루만 학교에 왔다. 그것도 교실에 있는 학생 수가 많으면 전염병 감염 위험이 높기 때문에 학생 수를 반으로 줄였다. 그렇게 1학기 동안 학생들은 한 주에 한 번씩 홀짝으로 학교에 왔다.

낯선 삶이다. 그렇기 때문에 주에 하루 학교 오는 날은 하루 전부터 다른 때와 기분이 다르다.

학교에서 쓰는 글똥누기에도 오랜만에 학교에 온 기분을 쓴 내용이 많다. 신나고 설레는 기분이 많지만, 학생에 따라 학교 오는 게 싫을 수 있다. 글똥누기에 써 주어서 그 마음을 글똥누기로 볼 수 있어서 좋다. 영근 샘이 그 글을 읽으며 학교를 오고 싶은 곳으로 만들고 싶다는 다짐을 하게 되니까 말이다.

(7/16) 와~ 내일 학교 간당! 💩

(7/17) 학교 오니까 신난다!! 💩

(7/23) 내일 비가 안 왔으면 좋겠다. 학교에 가기 때문이다. 💩

(7/24) 오늘 학교 오는 길에 나팔꽃이 있었다. 진짜 불 수 있는 나팔 같았다. 💩

(7/9) 힘들다. 💩

(7/10) 피곤하다. 💩

(7/24) 학교 가기 싫었다. 왜냐하면 공부해야 하기 때문이다. 💩

방학에도 아침마다 글똥누기 쓴 학생이 많았다. 생각하지 못한 발견이다. 원격 수업으로 집에서 글똥누기를 쓴 힘이기도 하다. 글똥누기를

8/12 오늘 알약을 먹어야 한다 오늘 먹기 싫다.

8/13 오늘 수원에 가야하는 데 졸렸다. 더 자고 싶다.

8/14 오늘 피노키오 책을 읽는 날이다 궁금하다.

8/17 곧 있으면 학교에 간다. 신난다.

8/13) 머리가 아파서 힘들다
8/14) 6시10분에 일어나서 피아노 하다.
8/14) 머리가 아프다.
8/15) 아무것도 안 했는데 힘들어요.
8/16) 더워요... 아무것도안 했는데
8/17) 입병이 나서 아프다.
8/18) 약이 너무 쓰다.
8/19) 방학 마지막 날이니까 아쉽다.

아이들이 학교를 오지 못했을 때에도 날마다 쓴 글똥누기

쓰며 하루를 시작하고, 일기를 쓰며 하루를 마친 학생들이 많다. 일기만 쓴 나보다 낫다.

2학기가 되었지만 학생들은 주에 한 번, 반으로 나눠서 학교에 왔다. 그러다가 학교에 하루도 못 오고 원격 수업을 하기도 했다. 이런 우여곡절을 겪으며 맞은 10월, 이때부터 두 달 동안 모든 학생이 학교에 왔다. 6월 이후 처음으로 모두가 함께 교실에서 공부할 수 있었다. 이때부터 12월 초까지 함께하다가 코로나19 상황이 심해지면서, 다시 전체가 원격 수업을 하다가 헤어졌다.

이렇듯 2020년은 오락가락한 한해살이였다. 두 달 동안 모두가 함께 학교에 오는 때, 학생들 글똥누기도 일상을 조금씩 찾아갔다. 물론 코로나 이전과 같을 수는 없지만, 날마다 학교에 오는 동안 학생들 삶이 조금씩 커 갔다. 보는 마음이 더 넓어지고 깊어졌다.

영상과 자료를 한 방향에서 제공하던 원격 수업도 새로운 길을 찾아, 이제는 '실시간 쌍방향 만남'을 한다. 한 화면으로 학생들이 함께 만나

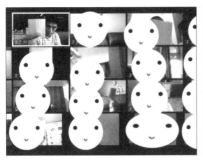

채팅 창에 글똥누기 쓰며 삶 나누기

수업을 하는 것이다. 우리 반에서는 쌍방향 만남에서 크게 세 가지를 했다. 첫째, 만나면 삶을 나눈다. 둘째, 삶을 나누고서 배움을 쌓는다. 셋째, 하루 중 가장 많은 시간을 보내며 스스로 제가 할 공부를 한다. 이때 잘 모르는 건 영근 샘에게 물어 가며 한다. 마칠 때 학생 한 명씩 돌아가며 남아 영근 샘과 이야기도 나누고 영근 샘 노래도 듣는다.

학생들 모두가 학교를 오지 못할 때는 쌍방향 만남을 할 때 모두 모였으며, 반씩 나올 때도 하루 한 시간은 집에 있는 학생들을 쌍방향 만남에 들어오게 해서 스스로 공부하는 시간을 가졌다. 우리 반은 기타 동아리가 있는데, 학교에 오지 못할 때는 쌍방향 만남으로 기타 동아리를 지도했다.

학생들과 쌍방향 만남을 하면서 '삶 나누는 시간'을 꼭 가졌다. 삶을 어떻게 나눌 수 있을까, 하는 생각으로 시작해서 처음에는 그냥 말로 주고받았다. 학생 한 명씩 돌아가며 하는 말로 학생들이 집에 있는 모습과 생각을 알 수 있었다.

컴퓨터 화면이지만 말하는 게 쉽지 않은 학생들이 있다. 그럴 때는 채팅 창에 하고 싶은 말을 쓰라고 이야기한다. 채팅으로 하는 글똥누기다. 그 글똥누기를 마중물로 해서 말을 주고받는다. 예를 들어, 한 학생이 배가 아프다고 한다.

"배가 아플 때는 똥 누는 게 좋아요."

"똥이 안 나와요."

"그럼 다른 학생들이 도와주세요."

학생들이 이런저런 자기 생각을 글로 쓴다. '배를 따뜻하게 해.'라고 쓴 글이 와닿는다.

"맞아요. 배가 따뜻하면 좋아요. 그래서 배 아플 때 부모님께서 배를 만져 주시죠. 'OO 배는 똥배.' 하면서요."

다른 학생들이 쓴 글로도 이야기 나눴다.

"오늘이 OO 생일이라네요. 우리 같이 노래 불러 줄까요?"

함께 노래를 부르며 생일을 축하했다. 이렇듯 쌍방향 만남에 있는 채팅에 글똥누기를 쓰고 삶을 나눴다.

우리 반은 쌍방향 만남에서 신호등 토론(파란 빛깔-찬성, 붉은 빛깔-반대, 노란 빛깔-중립)을 자주 했다. 이 신호등으로 글똥누기를 대신하기도 한다. "오늘 기분은 어떤가요?" 물으면 학생들은 신호등으로 오늘 기분을 드러낸다. 파란 빛깔이 많다. 온라인 화상으로 만나서 놀고 있으니 좋은 것이다. 빨간 빛깔인 학생들에게 기분이 어떤지 구체로 묻는다.

"그냥이요." 하는 학생, "자고 싶어요." 하는 학생, 역시나 배가 아파서 빨간 빛낄이라는 학생이 있다. 이때 꼭 하는 말이 있다. "혹시 말하고 싶은 사람 있나요?" 몇 명 더 말을 듣고서 다음으로 넘어간다.

말이든, 채팅이든, 신호등이든 학생들 삶을 알 수 있어 좋다. 학생들 삶을 말과 글과 빛깔로 나타내고 함께 나눌 수 있어 좋다. 이것으로도 충분한 것 같은데 뭔가 아쉽다. 말, 채팅, 신호등 모두 자기 상태를 다른 학생들에게 보여야 한다. 하지만 자기 삶에서 비밀로 하고 싶은 게 있다. 속상한 이야기, 아픈 몸, 식구들 불편한 속내 같은 건 드러내고 싶지 않은 이야기일 수 있다. 아주 평범한 일이라도 다른 친구들에게 말하거나 밝히고 싶지 않은 게 있기 마련이다.

그래서 찾은 방법이 설문 도구를 활용하는 것이었다. 온라인 설문 양식을 이용해 그곳에 글똥누기를 쓰도록 했다. 그 내용은 나만 읽었다. 내용을 읽다가 학생들과 나누고 싶거나 그 학생에게 물어서 조금 더 알고 싶을 때는 "○○, 오늘 글똥누기 말해도 되나요?" 하고 물었다.

다. 문집으로 엮다

학생들이 없는 교실에서 문집을 낼 수 있을까? 2020년은 다른 해와 달리 학생들이 학교에 나온 날이 턱없이 모자랐다. 1학기에는 주에 한 번씩 모두 열 번을 채 나오지 못했다. 2학기 동안 두 달은 날마다 나왔지만 9월과 12월에는 하루도 학교에 나오지 않았다. '이런 때 문집을 어떻게 내.' 하며 문집을 내지 않아도 부끄럽지 않은 때다. 하지만 그러기에는 이제껏 지켜 온 삶이 끊어지는 느낌이라 마음이 불편하다.

'해 보자. 아이들이 쓴 글(일기와 글똥누기)이 있으니 그것으로 엮자.'

이렇게 마음먹고서 문집을 엮기 시작했다. 학생들이 원격 수업 때 쓰고 그린 글과 그림, 수업 사진 들로 엮었다. 학기마다 한 권씩 참사랑땀 반 서른세 번째, 서른네 번째 문집이 나왔다. 문집의 구성을 소개하자면 다음과 같다.

앞뒤 표지, 간지 : 표지 그리기를 미술 원격 수업으로 했다. 모두가 보내 줬다. 하나만 고를 수 없어서 앞뒤 표지로 모두 실었다. 다른 때는 표지 그리기 희망자만 그리다 보니 많지 않았는데 이번에는 모두가 다 그려 내어 좋았다.

일기 : 일기는 다른 문집 때와 비슷하다. 달마다 세 편씩 학생 스스로 가려 뽑은 글을 집에서 타자로 쳐 보내 왔다. 그것을 편집(교정)해서 실었다. 다른 때와 같다.

다만 학생마다 일기장이 두 권이었다는 점이 다르다. 등교 수업 때 일기장을 내면 다른 일기장을 받아 가서 쓴다. 일기장 두 권을 돌아가며 썼다. 주에 한 번 등교할 때가 많아 어쩔 수 없었다.

그래도 일기를 쓴 학생들이 많아 실을 수 있었다. 학생 사진을 여섯 장으로 묶어 일기에 있는 학생 이름 밑에 크게 넣었다. 영근 샘 일기도 달마다 한 편씩 실었다.

글똥누기 : 원격 수업이든 등교 수업이든 아침마다 글똥누기를 썼다. 전에는 학생들이 직접 썼다. 그런데 이번에는 아이들 손글씨를 담아 내기가 어려웠다. 종이를 집으로 보내는 것은 어렵지 않지만 하나하나 돌려 받기가 만만치 않아 타자로 쳐서 실었다. 아쉽다. 영근 샘 글똥누기도 넣었다.

수업 결과물 : 참사랑땀 반 문집에 독서록이나 수업 결과물은 잘 싣시 않는다. 수업 결과물은 내용이 다 비슷비슷할 때가 많기 때문이다. 그런데 이번에는 수업 결과물 두 가지를 실었다. 등교 수업 때 했던 글쓰기 가운데 둘을 골랐다. 모두가 손으로 썼고, 쓴 내용이 아이들마다 달라서 골랐다. 학생들이 손으로 쓴 글이 실려 다행이다.

사진 : 수업 시간 학생들 모습을 찍은 사진을 문집에 싣는다. 2020년

6/3) 오늘 학교에 가서 신난다.

6/8) 코로나 때문에 금요일만 학교에 가서 싫다.

6/11) 비가 올 것 같은 날씨다.

6/16) 학교에서 친구들이랑 놀고 싶다.

6/23) 자전거를 탈 수 있어서 기분이 좋다.

7/1) 오늘은 아빠가 쉬는 날이다. 내가 집에 가면 아빠가 기다리고 있을 것이다.

7/3) 학교에 가다가 죽은 지렁이를 봤다. 징그러웠다.

7/20) 오늘 깜박하고 집에 가방을 놓고 갈 뻔해서 학교에 늦게 갔다.

7/29) 오늘 엄마가 나한테 편지를 써주셔서 기분이 좋았다.

7/31) 내일이 방학이라 아쉽다.

8/20) 내일 학교에 가서 신난다.

8/26) 오늘 컴퓨터 카메라가 와서 기쁘다.

8/28) 오늘 11시에 줌을 기다렸는데 하는 날이 아니었나 보다. 나는 줌이 재미있다.

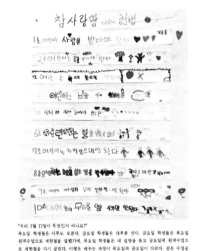

"우리 7월 17일이 무엇인지 아나요?"
목요일 학생들은 아무도 모른다. 금요일 학생들은 대부분 안다. 금요일 학생들은 목요일 원격수업으로 제헌절을 살펴봤기에, 목요일 학생들은 내 설명을 듣고 금요일에 원격수업으로 제헌절을 다시 살핀다. 이렇게 배우는 과정이 목요일과 금요일이 다르다. 같은 수업을 하지만, 학생들에게는 다르다.
"우리나라 헌법1조, 2조를 소개가 있듯 우리 반에는 헌법을 만들려고 해요. '참사랑땀 어린이 헌법'이지요. '어린이는 이래해야 한다.'이거나 '어린이에게 이렇게 해야 하거나 바뀐 안 된다.'는 것으로 말해주세요. 우리 반이 30명이나 스무 개를 만들도록 할게요."

이영근

6/3) 첫날이다. 긴장되고 설렌다. 아이들을 만나니 좋다. 좋다. 피할 수 없으니 즐기자.

6/4) 아침에 비가 조금 내렸다. 상쾌하다. 이틀 남았다. 행복하게 잘 살아야지.

6/5) 행복한 오늘이어야 다음 주 하루 학교 오는 걸음이 설렌다.

6/11) 등교하는 날, 하늘이 맑다. 그런데 덥다. 세상에서 제일 행복한 오늘 만들자.

6/12) 학생들이 올 시간이다. 환기, 마음 준비는 마쳤다. 어제와 같은 오늘이다. 낯설다.

6/25) 비 오는 등교일. 행복하다. 웃을 일만 생각하고 행하자.

6/26) 등교2일차, 같은 하루를 산다. 그럼에도 한 명 한 명 이야기 나누자.

7/2) 등교수업이다. 등교수업 꿈을 꾸었다. 그만큼 부담이 있다. 부담을 웃음과 행복으로 채우자.

7/3) 내가 먼저 즐기자. 웃자. 행복을 나에게서 찾자. 식구, 책, 노래…. 좋은 건 많다.

2020년 참사랑땀 반 문집

은 학생들이 학교에 온 날이 많지 않았다. 그래도 온 날마다 50장 넘게 찍어 두어서, 그 가운데 가려 뽑아 엮었다.

맨 뒤에는 '참사랑땀 사진관'으로 학생들이 한 해 동안 지내 온 모습을 활동 사진으로 묶어서 7쪽에 걸쳐 실었다. 이번에는 다른 해와 달리 마스크 한 모습이라 아쉬웠다. 코로나19가 종식되면 이 또한 추억이 될 것이다.

참사랑땀 어린이 헌법 : 제헌절에 만든 우리 반 헌법을 넣었다. 학생들이 학교에 나왔을 때 만든 것이다. 학생들은 해야 할 것과 하지 말아야 할 것을 마음껏 쏟아 냈고 그걸 문장으로 만들었다. 학생이 스무 명이라 20조를 만들었고, 하나씩 나누어 썼다. 참사랑땀 어린이 헌법은 교실 앞문, 뒷문에 고스란히 붙어 있다.

편집을 마치며 : 학부모와 학생들에게 하고픈 말을 두 쪽에 걸쳐 썼다. 학부모에게는 다른 아이와 견주지 말아 달라는 부탁이다. 학생들에게는 문집을 낼 수 있게 글을 써 주어 고맙다고 했다.

다른 때와 달리 빠진 것 : 코로나19로 다른 해와 다르다. '영근 샘 편지'가 없다. 금요일마다 학부모에게 드리는 편지를 문집에 묶어서 넣는데 2020년에는 없다. 다만 등교 때마다 칠판에 쓴 영근 샘 편지 아홉 편을 문집에 실었다. 학부모에게 드리는 편지는 2학기 문집에 담았다.

글똥누기, 아이들의 말과 삶이 글이 된다

글똥누기는 이제 많은 선생님들이 하고 있다.
처음 글똥누기라는 말이 나왔을 때는 낯선 말이었다.
어디에도 없던 말이었다.

글똥누기는 글쓰기를 잘 모를 때 만들었다.
글똥누기라는 말은 1학년 학생들과 살 때 만들었다.
아침 글쓰기를 굳이 글똥누기라 한 것은 내 경험에서 나왔다.

어릴 때 나는
글을 쓰는 게 힘들었다.
글을 쓰는 게 재미없었다.

왜 힘들고 재미가 없었을까?
글감을 툭 던져 주고서는 쓰라고 했기 때문이다.
겪지 않은 것이라 머릿속에서 지어내야 했기 때문이다.
머릿속에 든 게 없으니 힘들었다.

요즘 우리 반 학생들은 날마다 글을 쓴다.
어릴 때 나처럼 힘들어하는 학생은 드물다.
늘 겪은 일을 툭 내던지듯 쓰기 때문이다.

툭 내던진 학생들 말이 글이 된다.
그 글에 학생들 삶과 생각이 가득 담겼다.
글똥누기는 그래서 가치 있고, 계속할 만하다.

'글똥누기'는 매일 쓰는 짧은 글이다. 학교 오면서 본 것, 들은 것이나 평소에 생각하던 것들을 자유롭게 적었다. 길게 쓰지 않아서 힘들지 않았다. 이영근 선생님과 함께했던 3학년 때는 꾸준히 글을 썼다. 짧은 글쓰기를 하루도 빠짐없이 했더니, 일기를 쓰거나 독서록을 쓸 때 자신감이 생겼던 것 같다. 그리고 글똥누기는 잘 못 썼더라도 혼나지 않아서 좋았다. 현서(3학년) 💩

저는 글똥누기 할 때 이 점이 좋았어요. 짧게 오늘 한 것을 쓰면 오늘 하루 일이 더 길게 기억에 잘 남았고요. 또 하루는 긴데 짧게 기록하는 게 재미있었어요! 일기랑은 다르게 오늘 하루 있었던 일, 기분을 나타내는 것, 느낌을 나타내는 것이 좋고 재미있었어요. 정말 사소한 것을 써도 많이 쓴 것 같고 사소한 것도 기억에 오래 남아서 좋았어요. 선생님께서 매일매일 읽어 주시면서 공감해 주시고 얘기해 주시는 게 좋았어요. 이것보다 좋은 점이 훨씬 많았지만, 글똥누기에 대해 떠올리면 딱! 이 생각들이 났어요. 태경(3학년) 💩

글똥누기를 쓰면 상쾌하고 시원해요.
그리고 좋아요. 그리고 힘들어요. 시우(3학년) 💩

화가 난 일이 있으면 글똥누기로 그 이야기를 쓰면 풀린다. 글똥누기를 쓰면 왠지 모르게 상쾌하다. 또 등교를 할 때 계속 무엇을 쓸지 생각하다가 그것을 계속 생각하고 쓰게 된다. 나중에 글똥누기를 보면 내가 그날, 무엇을 했는지 까먹지 않고 알 수 있다! 혜원(3학년) 💩

글이 좋아지고, 다시 돌아보게 되고, 기억할 수 있다. 그리고 아침에 오면서 화나고 짜증나고 답답했던 마음을 글똥누기에 적어 영근 샘과 이야기 나누면 마음이 좋아지고 상쾌해진다. 마치 답답했던 마음이 뻥 뚫리는 기분이다. 진모(3학년) 💩

글똥누기를 처음 쓸 때는 해 본 적이 없어서 새롭고 어색하고 어떻게 써야 하나 생각했어요. 그렇지만 처음 해 봐서 재밌고 신났어요. '글똥누기'라는 이름 자체가 재밌고 웃겼어요. 새로운 경험을 하게 해 주신 선생님께 감사해요. 태이(3학년) 💩

선생님께서 내 기분을 물어봐 주는 것 같아 아침부터 기분이 좋았다. 그리고 가끔은 귀찮았지만 글똥누기를 쓴 것을 다시 보니 그때의 내가 보여서 재미있었다. 찬열(3학년) 💩

글똥누기를 읽어 보니 4학년 때 추억이 새록새록 돋는다. 그 시절 해맑고 밝던 내 모습이 동영상처럼 빠르게 지나간다. 쓰다가 연필이 부러진 것 같기도 하고 더 자세히 써 보지 왜 이렇게 짧게 썼나 하는 글똥누기도 있었다. 어떤 글똥누기에는 친구와 등교하며 주워 온 낙엽도 붙어 있다. 덥고 춥고 상관없이 썼던 글똥누기에는 그냥 지나갈 수도 있는 이야기들이 가득 차 있어 '내가 이랬었나?' 하는 생각도 들고 '아 맞아 지금도 기억 나. 크크.' 하면서 추억팔이 할 수 있게 되었다. 글똥누기를 쓸 때도 귀찮기보다는 기분 좋게 웃으며 썼다.

글똥누기는 하루하루의 짧은 순간들을 한 문장에서 두 문장 정도로 써서 그때의 기억을 새록새록 떠올리기에 정말 좋은 내 친구 같다. 그래서 요즘도 가끔씩 글똥누기를 쓰고 있다. 해울(4학년) 💩

살아 있는 교육 43

글똥누기

마음을 와락 쏟아 내는 아이들 글쓰기

2022년 2월 21일 1판 1쇄 펴냄 | 2023년 6월 8일 1판 4쇄 펴냄

글 이영근

편집 김로미, 박세미, 박은아, 이경희, 임헌 | **교정** 김성재
디자인 양선애
제작 심준엽
영업 나길훈, 안명선, 양병희, 조진향 | **독자 사업(잡지)** 김빛나래, 정영지
새사업팀 조서연
경영 지원 신종호, 임혜정, 한선희
인쇄와 제본 ㈜상지사 P&B

펴낸이 유문숙 | **펴낸 곳** (주)도서출판 보리
출판등록 1991년 8월 6일 제9-279호
주소 (10881) 경기도 파주시 직지길 492
전화 031-955-3535 | **전송** 031-950-9501
누리집 www.boribook.com | **전자우편** bori@boribook.com

값 14,000원

보리는 나무 한 그루를 베어 낼 가치가 있는지 생각하며 책을 만듭니다.

ISBN 979-11-6314-230-0 03370